MANUAL ANTI CAPACITISTA

BILLY SAGA E CAROLINA IGNARRA

o que você precisa saber para se tornar uma pessoa aliada contra o capacitismo

Copyright © Carolina Ignarra e Billy Saga, 2023
Todos os direitos reservados à Editora Jandaíra e protegidos pela Lei 9.610, de 19.2.1998. É proibida a reprodução total ou parcial sem a expressa anuência da editora. Este livro foi revisado segundo o Novo Acordo Ortográfico da Língua Portuguesa.

Direção editorial
Lizandra Magon de Almeida

Assistência editorial
Maria Ferreira e Karen Nakaoka

Pesquisa e redação final
Andréa Cipriano e Edson Valente

Apoio editorial
Pitchcom Comunicação

Preparação de texto e revisão
Equipe Jandaíra e Dandara Souza

Projeto gráfico e diagramação
Daniel Mantovani

Ilustrações
Paloma Barbosa dos Santos

Fotos da capa
Angela Rezé Fotografia

Dados Internacionais de Catalogação na Publicação (CIP)
(Câmara Brasileira do Livro, SP, Brasil)

Ignarra, Carolina
    Manual anticapacitista : o que você precisa saber para se tornar uma pessoa aliada contra o capacitismo / Carolina Ignarra, Billy Saga ; [ilustração Paloma Santos Barbosa]. -- 1. ed. -- São Paulo : Editora Jandaíra, 2023.

    ISBN 978-65-5094-035-5

1. Experiências de vida 2. Inclusão 3. Pessoas com deficiência - Acessibilidade 4. Pessoas com deficiência - Direitos - Brasil 5. Pessoas com deficiência - Educação 6. Relatos pessoais I. Saga, Billy. II. Barbosa, Paloma Santos. III. Título.

23-145256   CDD 362.4045

Índices para catálogo sistemático:
1. Pessoas com deficiência : Inclusão : Bem-estar social - 362.4045
Henrique Ribeiro Soares - Bibliotecário - CRB-8/9314

jandaíra

Rua Vergueiro, 2087 · cj 306 · 04101 000 · São Paulo · SP
editorajandaira.com.br
❋ ⓘ ▶ | editorajandaira

MANUAL ANTI CAPACITISTA

BILLY SAGA E CAROLINA IGNARRA

o que você precisa saber para se tornar uma pessoa aliada contra o capacitismo

jandaíra

São Paulo | 2023

Dedicatórias

Carolina Ignarra

Dedico este conteúdo a todas as pessoas com deficiência, na figura da Tabata Contri, que me ensinou a nunca desistir dos meus sonhos. À minha sócia Juliana Ramalho e ao sócio Dulcídio Almeida, por me ensinarem a me valorizar. A toda a equipe do Grupo Talento Incluir, na figura de Katya Hemelrijk, que me representa e me faz evoluir. E a todas as famílias das pessoas com deficiência, nas figuras do Tato, meu marido, e da Clara, minha filha, por me naturalizarem e humanizarem.

E agradeço à minha mãe Telma, às irmãs Camila e Renata, aos cunhados Flávio e Marcelo, à afilhada Luiza, aos sobrinhos Rodrigo, Vicente e Francisco, na figura do meu pai Chicão, que me ensinou a protagonizar minha vida.

Billy Saga

Dedico este livro a todas as pessoas com deficiência do mundo, que sabem as agruras e o prazer de ser diferente, de não se encaixar nos padrões, encarando diariamente o desafio de viver, pois a vida toda é um desafio. À minha filha Emilia, que ainda não sabe ler, mas quando souber provavelmente já terá muitos desses conceitos introjetados na prática. Ao meu sobrinho Nilo, que está se tornando um homem e que, ao ler este livro, entenderá um pouco mais o seu papel enquanto cidadão. À minha esposa Juliana, que entrou em minha vida por amor e sem perceber se tornou minha maior aliada. Aos meus pais e irmã que estiveram comigo no momento em que me tornei uma pessoa com deficiência e viveram todas as etapas dessa importante transformação anticapacitista. Aos amigos e amigas que sempre me apoiam e torcem por mim. À minha mãe de santo e irmã de fé, Claudia Alexandre, e ao meu querido irmão de fé e mentor Luís Alexandre Jr. E, finalmente, a dois amigos que fizeram a passagem recentemente, que entendiam muito a nossa causa e militavam por ela, Romeu Sassaki e Walter Alves.

SUMÁRIO

De mana pra mano, de mano pra mana — 8

Prefácio: Um salve da nossa galera — 17

Introdução — 40

Capítulo 1: Um pouco de história, para começar — 49

Capítulo 2: Afinal, o que é capacitismo? — 59

Capítulo 3: Desconstrua o capacitista que existe em você — 67

Capítulo 4: Saiba onde estão as pessoas com deficiência do Brasil — 75

Capítulo 5: Conheça as leis e as ações afirmativas para pessoas com deficiência — 83

Capítulo 6: Faça valer a Lei de Cotas — 93

Capítulo 7: Naturalize a pessoa com deficiência — 101

Capítulo 8: Promova a acessibilidade — 111

Capítulo 9: Humanize as relações com as pessoas com deficiência — 121

Capítulo 10: Reconheça a interseccionalidade das pessoas com deficiência — 129

Capítulo 11: Torne-se uma pessoa aliada — 135

Capítulo 12: Valorize a representatividade das pessoas com deficiências na mídia e nas redes sociais — 147

Nosso até breve — 154

Referências — 159

De mana pra mano, de mano pra mana

De mana pra mano
Carolina Ignarra sobre Billy Saga

Aquela máxima de que a primeira impressão é a que fica não vale para as minhas percepções sobre o Billy. Eu o conheci no teatro, que comecei a fazer menos de dois anos depois de ter adquirido a deficiência, em 2003. Sofri o acidente em 2001.

O Deto Montenegro, irmão do Oswaldo Montenegro, diz que foi a partir de mim que ele teve a ideia de levar pessoas cadeirantes para o palco. A família dele foi quem me recebeu em Brasília, quando fui para o processo de reabilitação na Rede Sarah, um mês e meio depois de minha lesão. Foi a mãe do Deto, Elvira, que me apresentou lá, ela é amiga de anos da minha prima Dadá. O curioso é que conheci Elvira no dia do acidente, no casamento da prima Sônia, a irmã da Dadá. Encontrei o Deto pela primeira vez na praia, no Rio, no Carnaval de 2003. Na ocasião, ele me convidou para fazer teatro com ele. Chamei a Tabata Contri para ir comigo. Ensaiávamos das 8h às 10h de domingo, que era o único horário livre do teatro.

Uma das primeiras pessoas que chamamos para compor o elenco de "Noturno Cadeirante", à época, foi a Julie, que tinha 16 anos e era *street dancer*. E ela chamou o Billy. Ele foi no terceiro ou quarto dia de ensaio. E eu não fui com a cara dele. Todo marrento, emburrado, revoltado. Aí já fiquei meio que "hummm, chegou o marrento aí". Mas ele foi ficando, o Deto gostou dele. Naquele tempo, o Billy assumiu a cara de mau. Embora artisticamente excelente, ele era um *bad boy* e parecia estar sempre na defensiva.

Eu acredito que, não só com ele, mas também com outros integrantes daquele grupo, houve uma conquista de relação. A partir dali, continuamos nos encontrando, nos falando, com esses laços cada vez mais fortalecidos. Naquele momento, vivíamos uma juventude, na maior parte de nós, interrompida por um acidente, requerendo períodos de reabilitação. Em geral, muitos ali estavam em uma fase de amadurecimento diferente da minha. Eu voltei a trabalhar muito rápido, porque tinha o sonho da maternidade, queria "adultar" logo para conquistar meus propósitos. E tive as oportunidades também, em uma condição privilegiada. Eu não fui tão conectada com eles como a Tabata foi naqueles primórdios. Eles saíam no sábado à noite e iam direto para o ensaio no domingo. A turma se conectou na convivência daquela amizade mais do que eu. Eu estava sempre meio de fora, acho que era muito chata também. Eu tenho um feedback desses meus amigos do teatro de ser uma antes e outra depois da maternidade, e da minha pós-graduação em Dinâmicas de Grupo. Nesse curso, vivenciei muitos trabalhos experimentais. Acho que antes eu era muito exigente, muito certinha, até puritana. Eu não tinha boa fama. E também os achava chatos, gostava de ir lá para fazer teatro, fazer arte. Minha convivência era mais com a Tabata. Depois que voltei a participar do grupo, quando minha filha, a Clarinha, já tinha três ou quatro anos, eu comecei a entender a importância deles naquele momento anterior da minha vida.

Foi com o Billy que eu aprendi que podia montar a cadeira e desmontá-la sozinha para entrar no carro. Lembro bem dele fazendo isso, ensinando-me como fazer. Naquela hora até me veio uma "negaçãozinha", de pensar que no meu carro não daria, por ele ser muito alto, e que o Billy fazia aquilo por não ter humildade para pedir ajuda. Depois fui ressignificando isso e até hoje monto e desmonto a cadeira quando preciso. E fui inspirada ali, porque achava que não ia conseguir.

Outra coisa que me fazia não gostar do Billy é que ele era muito mulherengo. Eu sentia que era por autoafirmação, mas não sabia dar nome a esse comportamento. Depois do curso de dinâmicas de grupo, eu passei a ser compreensiva, porque aprendi mais, por meio de conceitos da psicologia, como é conviver em grupo. Foi bem transformador para mim. Quando voltei, passei a ressignificar: "Billy é *bad boy*, mas por qual motivo?" Comecei a analisar com mais compaixão, com mais empatia.

O mais positivo no Billy, que me faz querer ficar do lado dele, ser amiga dele, acompanhar as vitórias dele, é o quanto ele evolui. É um cara que não estacionou, está sempre querendo se autoconhecer, está sempre aberto para pontuarmos coisas importantes. É questionador, mas também está disposto a ouvir, a ensinar, a trazer reflexões importantes. Ele pede conselhos, demonstra afeto. Foi ele que se aproximou de mim, começou a me chamar de "mana". Ele fala que ama, reconhece em vida a diferença que a gente faz para ele. Acho que a paternidade o ajudou nesse sentido. Ele também fez umas evoluções espirituais, entrou para Umbanda.

Escrever um livro sobre capacitismo já era algo que eu queria fazer e vinha postergando. Assim, achei ótimo quando o Billy veio com a ideia deste projeto. E também acreditei que seria uma oportunidade de nos aproximarmos mais. Eu acho importante escrever com alguém, sempre gosto de fazer esse tipo de projeto com outras pessoas.

No começo não foi fácil nossa relação, tínhamos uns atritos inconscientes, também porque somos muito diferentes. O que eu sinto hoje pelo Billy foi fruto de uma transformação. Acho que começamos a nos valorizar quando percebemos o valor das diferenças de todos e todas.

Trabalhar com diversidade faz a gente se desenvolver todos os dias. O Billy e a família dele são pessoas que valem a pena para mim. Gosto de ter ao meu lado pessoas que saíram fortes de histórias difíceis. Quando vivo uma relação, quero vivê-la de verdade. O Billy é um caso de inclusão em minha lista de amizades. Ele foi me conquistando e hoje é uma referência para mim. Uma conexão predestinada. É amigo do peito, é irmão que a gente escolhe. É "o mano".

De mano pra mana
Billy Saga sobre Carolina Ignarra

Em 2002, eu fui chamado por uma amiga que dança break para cantar rap em um grupo inclusivo de *street dance*. Lá, conheci uma menina cadeirante chamada Julie. Foi ela que me levou aos ensaios do primeiro elenco de pessoas cadeirantes para a montagem do "Noturno Cadeirante", dirigido pelo Deto Montenegro.

Acredito que nada seja por acaso. Na primeira reunião com o grupo, conheci a Tabata e a Carol. Um fator decisivo para que eu ficasse no projeto foi o primeiro discurso do "Detão", dizendo que ele não estava ali para fazer panfletagem, para abraçar a causa e, sim, para fazer arte. "Quer tirar arte dessa cadeira, vem comigo", ele ressaltou.

Passei então a ir todo fim de semana para os ensaios, sete da manhã a gente estava lá. Comecei a criar uma grande afinidade com a galera, um pessoal firmeza que vivia os mesmos venenos, as mesmas coisas que eu. Depois dos ensaios, ficávamos tomando café em uma galeria na avenida Domingos de Moraes, na Vila Mariana (zona sul de São Paulo) e conversando sobre situações em que enfrentávamos a falta de acessibilidade. A gente dizia que precisava fazer alguma coisa a respeito. Conhecemos então a Luka, locutora da rádio 89 FM, que adorou a ideia de criar um movimento. Daí surgiu o SuperAção, que gerou uma primeira passeata em 2003.

Naquela época, eu achava a Carol ranzinza para caramba. Mal-humorada, teimosa, brigava com todo mundo, mas mudou depois que fez uma pós-graduação em Dinâmicas de Grupo. Dali para a frente, até hoje, ela segue em uma evolução constante. É uma pessoa que não para de evoluir, intelectual, emocional e psicologicamente. Eu tenho um orgulho enorme de ser amigo dela, me emociona como a vida traz pessoas incríveis para a nossa convivência.

Não existe casualidade. Como parte dessa reflexão, eu não sei como seria hoje a minha vida sem o acidente. Claro que, se eu pudesse mudar, daria um "reverse" nos acontecimentos. Não é fácil viver na cadeira, mas eu não praguejo minha condição de pessoa cadeirante. Eu sou casado com uma pessoa que eu conheci no teatro de pessoas cadeirantes, e ela me deu uma filha, que é meu projeto de vida mais precioso, a Emilia. Tudo o que tenho materialmente eu conquistei em um trabalho que tem a ver com diversidade e eu só sei fazê-lo porque eu me tornei uma pessoa cadeirante. A minha carreira musical se tornou muito mais consistente por conta da minha causa. É lógico que eu não seria um largado, um qualquer, eu seria uma pessoa bacana também, porque é isso o que está na minha índole, na minha história, mas eu não sei com o que eu trabalharia, que meios frequentaria, em que nível de vida estaria. Eu não penso nisso, o "e se" é inútil. Não gasto neurônio com isso.

Sendo pragmático, a maturidade que o acidente me exigiu com tão pouca idade me trouxe muitos ganhos profissionais e sociais, e muitos argumentos. Eu nunca deixei de acreditar em mim nesse processo, porque sou metido e orgulhoso para caramba. Talvez por insegurança não demonstro as minhas fraquezas. O cara cadeirante tem a chance de evoluir, como qualquer pessoa tem. Alguns evoluem pela dor, e se tornar cadeirante pode ser essa dor.

Acompanhar a maternidade da minha amiga Carol foi uma inspiração enorme. Foi muito incrível e muito encorajador. Com ela, aprendi que a deficiência não impõe limites para sonhar e realizar. A Carol é uma das vinte mulheres mais poderosas do Brasil. Cadeira não é bola de ferro no pé, não. E, se não tem limites para ela, não precisa ter para ninguém. Ela me mostrou isso, ela é muito inspiradora pra mim, que passei sete anos provando para a sociedade que eu era "normal", até me aceitar definitivamente como sou.

O que acho que passo para a Carol é lealdade, sinceridade. Sempre fui muito direto, muito verdadeiro, não só com ela, mas com todo mundo daquele grupo, que é muito amado, muito unido. Eu prezo muito por me manter ligado a ele. Foram as primeiras pessoas com deficiência com as quais estabeleci vínculos e comecei a entender que vivíamos as mesmas dores e os mesmos prazeres e que tínhamos que encarar os desafios, como diz a Carol. Ela sempre traz pérolas como essa, que me fazem refletir.

Não tem acaso. As coisas da vida estão todas interligadas. Existe uma teia energética entre nós e pessoas que nos munem de informações, ferramentas e insights para cumprir a nossa missão. O plano espiritual me trouxe recentemente uma instrução de ser mais suave na minha comunicação para cumprir a minha missão. Quando a Carol vem e me diz que não podemos falar em "luta", porque, nesses termos, um ganha e outro perde. E não queremos ganhar e, sim, vencer desafios, não tem acaso nisso, tem conexão. As duas ocorrências estão totalmente interligadas. Quem cruza o caminho de alguém o faz por um motivo. A Carol cruzou o meu para se tornar "a mana".

Prefácio
Um salve da nossa galera

"Nosso valor não está nos títulos e, sim, na jornada"
Carolina Ignarra

Este prefácio é disruptivo e proposital. Entendemos que todas as vidas com deficiência importam, e nós, autora e autor deste livro, somos apenas duas pessoas em uma multidão assolada pelo capacitismo. Apresentamos a seguir depoimentos que partem de existências individuais de diferentes corpos políticos em uma sociedade capacitista.

Temos aqui a contribuição de 21 pessoas com diferentes tipos de deficiências e com variadas histórias de vida e papéis sociais. Optamos por não seguir um modelo para a descrição breve de cada uma delas, pois, além de não sermos pessoas adeptas da padronização, respeitamos o jeito que cada uma delas pediu para ser apresentada. E viva a diversidade!

Alexandre Ohkawa, arquiteto, consultor e especialista em acessibilidade, diversidade (comunidade surda), equidade e inclusão

Já passei por inúmeras situações capacitistas:
— De qual país você é?
— Você não parece ser surdo!
— Ah, coitado de você! Ser surdo deve ser difícil para crescer na vida.
— Você é tão bonito para ser surdo.
— É ele o surdinho que comentei com você.
— Ele fala superbem e se superou bem na vida para aprender a falar.
— Não sabia que você é deficiente e surdo. Achei que fosse gringo.
— Por que você não fala normal como os outros?
— A surdez tem cura, é só usar aquele aparelho de ouvido.
— Você é normal, né? Só é diferente porque tem voz diferente.
— Ainda bem que você fala português, pois a Libras é feia.
— Que bonitinho que você fala em Libras.
— Não sabia que surdo pode fazer faculdade, nossa, que inteligente que você é!
Por isso, um livro sobre capacitismo é muito importante para nossa sociedade romper o ciclo da desvalorização e desqualificação de pessoas com deficiência baseado no preconceito em relação à sua capacidade corporal e/ou cognitiva.

Uma obra como esta contribui, portanto, para tornar a sociedade e o mundo mais inclusivos e menos desiguais, e também para fortalecer os valores democráticos de cada ser humano.

Dra. Daniela Bortman, médica do Trabalho e consultora de inclusão e diversidade
___

Acredito que o capacitismo, assim como outros tipos de preconceito, só pode ser combatido por meio da educação. Além da vivência, a sociedade adquire conhecimento acessando informações disponíveis nos livros e nos principais veículos da mídia. No entanto, o grande desafio contemporâneo tem sido encontrar informação de qualidade, diante de uma enxurrada de *fake news* ou de textões dos autodeclarados "especialistas" das redes sociais. É fundamental ampliar as fontes de informações confiáveis, devido à responsabilidade que a abordagem desse tema merece. Quanto mais alto o nível de discussão sobre capacitismo, maior será a maturidade da comunidade para superá-lo.

Isso me importa pessoalmente, porque o capacitismo piora diretamente a minha qualidade de vida. Ele mina grande parte das minhas oportunidades diárias, a partir do momento em que, por consequência do preconceito, o meu acesso ao trabalho, ao transporte, à educação e ao lazer é dificultado. Além disso, com o capacitismo, minha saúde física e mental também é tolhida.

Daniela Sagaz, líder de diversidade e inclusão
___

A falta de conhecimento é certamente uma das principais causas para que as pessoas carreguem em suas ações e falas altas doses de preconceito e discriminação contra pessoas com deficiência. Sabemos que o capacitismo se manifesta das mais variadas formas, e obras como esta aumentam, por meio do poder da educação, a chance de mudar conceitos, ideias e vieses inconscientes que permeiam nossa sociedade.

Na minha vivência como uma mulher, líder e pessoa com deficiência, o capacitismo manifesta impactos imensuráveis, desde os familiares que ainda me enxergam como uma super-heroína, até o mercado de trabalho, que acredita que minhas competências estão unicamente conectadas a cotas. Sem calcular a autocobrança inconsciente, quando penso todos os dias que, ao errar em minha posição, estou fechando a porta para outras pessoas com deficiência no mercado de trabalho, acarretando, com isso, uma necessidade de ser perfeita em tudo que faço.

Por isso, saber que discussões como as abordadas aqui neste livro poderão ajudar pessoas como eu a entender e se posicionar frente ao capacitismo só me faz ter certeza de que precisamos gerar a mudança.

Darley Oliveira, *pessoa com deficiência visual, administrador, atleta de futebol de cegos e pai da Clark (seu cão-guia)*

A palavra capacitismo soa muito diferente de racismo e homofobia, porque tem poucas informações e poucas pessoas falando sobre o tema, ainda mais pessoas com deficiência. Nós temos o lugar de fala para abordar o capacitismo, assim como os negros têm para falar de racismo. Então entendo que seja muito importante, cada vez mais, abordarmos o tema e trazê-lo para as discussões. Além disso, é necessário que a mídia trate dele com a mesma importância que dedica ao racismo e à homofobia.

Para nós, pessoas com deficiência, o capacitismo está em nossas vidas todos os dias. Seja naquele processo seletivo que você participou, mas o gestor achou que você não tinha qualidade suficiente para estar ali, não por seu perfil ou por suas habilidades, mas, sim, pela deficiência que você tem. Seja quando as pessoas olham para você na rua com aquele olhar de coitadinho

("Nossa, a vida dele é uma droga", "Poxa, coitado, ele é cego" ou "Nossa, ele é super-herói, que legal, ele trabalha, ele estuda"). Sim, nós trabalhamos. Sim, nós estudamos. Sim, nós fazemos tudo que uma pessoa sem deficiência faz, talvez de uma forma diferente, talvez em uma velocidade diferente, mas, sim, fazemos tudo o que uma pessoa sem deficiência faz.

Deborah Camargo, *profissional de marketing*
___

O capacitismo é a ignorância de uma sociedade que grita por diversidade e inclusão, porém não sabe lidar nem respeitar as diferenças. O capacitismo impacta a minha vida de diversas formas:

Como profissional, pois vivo um dia a dia exaustivo, tendo que provar a todo momento que não fui contratada por causa da obrigatoriedade de cotas e, sim, por ter aptidão e expertise para aquela cadeira;

Como mãe de uma criança com deficiência, que infelizmente desde muito cedo teve que lidar com a crueldade de falas capacitistas e com os traumas que elas causam.

Como pessoa com deficiência, que lida em todos os momentos da vida com a diminuição e com os rótulos impostos por uma sociedade ainda muito cruel, ignorante e com pouca sensibilidade.

Penso que viver em uma sociedade capacitista é viver tendo que provar que sua deficiência não te define, a todo momento, e só quem faz parte dessa causa sabe o quanto é exaustivo e até incoerente. Sempre acreditei que a educação pode mudar o mundo e é através dela que geramos conscientização e reflexões importantes para mudanças de comportamentos. Muitos dos nossos comportamentos sociais são por falta de informação, sensibilidade e educação. Os livros, por sua vez, são ferramentas que despertam nossa consciência e nos desafiam a mudar, são porta-vozes para as transformações de que precisamos e queremos.

Divanildo Pereira de Oliveira, *professor surdosinalizado*

Capacitismo é uma palavra que significa um tipo de atitude que discrimina ou denota preconceito social contra pessoas com deficiência (PCDs), por meio de termos e expressões pejorativas que nos classificam como inferiores a outras pessoas. Isso pode prejudicar o sentimento das pessoas com deficiência. Sinto, por exemplo, que o capacitismo prejudica a minha vida quando pensam que eu sou menos, que surdo é coitado, que não é bom profissional. Em resposta, digo que sou protagonista, aqui não tem coitado. Eu tenho capacidade!

Fernando Fernandes, apresentador e atleta
___

É importantíssimo a gente poder gerar informação, apresentar informações sob a nossa perspectiva e vivência. Então, quando um livro sobre capacitismo é escrito por quem sofre e conhece, estamos gerando as informações que precisamos gerar, da forma que consideramos ideal. Acredito que o capacitismo esteja muito mais relacionado à pessoa capacitista do que a mim. Isso foi algo que aprendi e com que aprendi a lidar. Assim, tento não absorver tudo o que eu recebo, afinal, geralmente não é sobre mim. É por isso que produzir informações neste livro é tão fundamental, é uma oportunidade de oferecer um novo olhar sobre quem somos.

Fernando Vigui, ator e educador
___

Partindo do princípio de que a informação é a maior arma do bem contra o preconceito, é de extrema importância termos este livro falando sobre capacitismo. É um legado que fica para as futuras gerações e também serve como parâmetro para a evolução da história e do que foi melhorando ou até retrocedendo. Não podemos, afinal, falar de evolução e de progresso se não temos história para servir como marco para nós.

É de extrema importância, portanto, o combate ao capacitismo se tornar totalmente acessível para pessoas de qualquer lugar do país ou do mundo e também para a História como registro, como legado e como um grau comparativo. Este livro, por exemplo, mostra onde estávamos, onde estamos e para aonde queremos ir. É uma obra que aponta um norte, torna-se uma bússola para quem luta, para quem sofre com o capacitismo. Sinto o impacto do capacitismo de diversas formas, por isso posso afirmar que a melhor forma de combater e rebater é educando uma pessoa capacitista. O melhor jeito é chamá-la para perto!

Guilherme Bara, *consultor de diversidade para empresas e palestrante*

Este livro contribui bastante para que as pessoas aumentem sua consciência na medida em que apresenta exemplos práticos de atitudes e comportamentos capacitistas. Para mim, que sou cego, fica fácil perceber a diferença de abordagem quando comparamos uma pessoa que deixa se levar pelo inconsciente e quando nos relacionamos com a pessoa que está aberta para reconhecer seus comportamentos e revê-los a fim de torná-los mais justos, mais corretos. Isso, no entanto, não significa ter que fingir que não temos deficiência, muito menos pretendermos escondê-la para sermos aceitos. Queremos apenas ser tratados como pessoas, pelo todo e não pela parte. Este livro, então, direciona e amplia o entendimento do leitor nesse sentido.

Heloisa Rocha, *jornalista e idealizadora do projeto* **Moda Em Rodas**
___

O capacitismo me impacta quando minha deficiência é percebida (e venerada) muito antes das minhas ações, afastando completamente o olhar, a atenção e a percepção que eu gostaria que a sociedade tivesse sobre mim.

Como mulher e profissional com deficiência, eu avalio que a produção de livros sobre capacitismo é importante para que a sociedade como um todo compreenda que a deficiência de um indivíduo não pode ser supervalorizada e, muito menos, inferiorizada ou negada, mas, sim, naturalizada. Um livro como este, ao utilizar exemplos e uma linguagem de fácil compreensão, garante que todos(as) possam entender que esse tipo de preconceito vai muito além do insulto e que, na realidade, em diversas ocasiões, está disfarçado de assistencialismo ou elogio. Uma prática comum e estrutural, mas que precisa ser amplamente discutida e combatida!

Igor Feracini, *coordenador na Specialisterne Brasil, pós-graduado em diversidade e inclusão pelo BBI Chicago, autista*

Não me lembro quando foi a primeira vez que fui chamado de retardado, mas certamente me lembro da última, já que foi apenas há alguns dias, em pleno 2022. Para o autor do comentário, foi somente uma piada, para mim, um homem autista de quase 30 anos, foi o suficiente para me fazer sentir como uma criança insegura novamente.

Retardado e todos seus sinônimos, que não vou listar para te poupar, meu caro leitor, foram adjetivos durante muitos anos colocados em mim, de tal forma que passei a acreditar que tudo aquilo de fato descrevia quem eu era. Vivi anos tentando disfarçar o que parecia que quase todo mundo já havia notado: algo era diferente em mim. Tentei tanto me esconder de todos, que acabei me escondendo de mim mesmo. Vivi tanto para eles, que esqueci quem era eu.

Hoje, já não dói tanto quanto já doeu, pois aprendi a me conhecer e me aceitar como sou. Entretanto, não consigo me furtar de às vezes imaginar como teria sido, para mim e para muitos de nós, caso nossa sociedade tivesse tido a coragem de tratar cada indivíduo, independentemente de suas características, como nada menos do que um *ser humano*.

Já vivemos duas décadas no novo milênio, porém um livro sobre capacitismo ainda é tristemente necessário. Quem sabe durante as duas próximas ele se torne algo obsoleto. Essa é minha esperança.

Isa Meirelles, *relações públicas, atua na promoção da acessibilidade como recurso criativo, dirigindo conteúdos digitais para marcas*
___

O capacitismo me atinge quando, ainda hoje, aos trinta anos, médicos me recomendaram colocar uma prótese no olho esquerdo para ele ficar mais parecido com o direito. Ou quando ressaltam minha energia e carisma sempre, independentemente do que eu faça bem profissionalmente. Queria que elas me vissem além de animadora de torcida dos ambientes e me valorizassem como profissional.

Quando comecei a usar as redes sociais para falar sobre capacitismo, percebi que poucas pessoas tinham acesso à informação, que ela não estava disseminada o suficiente, por isso acredito que precisamos ter cada vez mais pessoas divulgando e trazendo o capacitismo à tona.

Para popularizar o debate sobre capacitismo na sociedade e começarmos a conversar sobre ele nos espaços, nos reconhecendo capacitistas, um livro como este se faz necessário. Ler sobre o capacitismo é uma oportunidade de entendermos melhor suas nuances e presenças no nosso dia a dia, porque ele ainda é muito velado. É importante desconstruirmos esse tabu.

Jairo Marques, *jornalista*
___

Toda a construção de uma vida com deficiência é moldada pelo capacitismo, uma vez que ele ainda determina lugares, posições, escolhas e oportunidades. O capacitismo me afeta de maneira integral, em todos os setores da vida, seja no trabalho, nos relacionamentos, na vida social.

As atitudes preconceituosas contra as pessoas com deficiência estão entranhadas na sociedade, e a mudança de visão leva tempo, carece de informação e de acesso a novas perspectivas. Embora as pessoas com deficiência vivam com suas consequências há séculos, o capacistismo é um tema novo para a opinião pública. A maioria das pessoas não sabe, por exemplo, que essa prática é crime previsto em lei e que há consequências para a discriminação. Contudo, o conhecimento sempre possibilita mudança de atitude, então, quanto mais informação disponível, mais gente impactada.

Katya Hemelrijk, *mulher com deficiência em autodesconstrução contínua do capacitismo*

———————

O capacitismo me impacta até quando não percebo o exato momento em que ele acontece. Muitas vezes passo por situações em que tenho que digerir e entender o real impacto e perco a oportunidade de dar mais clareza para quem atuou de forma capacitista. Então, sempre que percebo o capacitismo, atuo para transformar o olhar e contribuir para uma sociedade cada vez menos capacitista.
Livros como este nos ajudam a tangibilizar o assunto para o nosso cotidiano. Muitas vezes repetimos palavras sem entender o seu real significado e impacto no outro. Com o olhar da Carol e do Billy, conseguimos perceber que o capacitismo está presente onde menos imaginamos. A obra mostra, com didática acessível e dicas práticas, como podemos nos comportar de forma a sermos anticapacitistas e mais inclusivos.

Liliane Claudia, *especialista em design inclusivo, tem como missão criar tecnologias que compreendam verdadeiramente a diversidade de necessidades humanas*

———————

Sendo uma pessoa com deficiência física severa (tetraplegia), posso contar experiências que me fizeram desistir da minha responsabilidade cidadã por simplesmente não obter o mínimo de acessibilidade necessária em bancos, hospitais ou mesmo na hora de atribuir o meu voto eleitoral. Porém, de todo o impacto negativo que o capacitismo causa na minha vida, o mais expressivo está no âmbito profissional. Desenvolver uma carreira tem sido uma das minhas maiores dificuldades, por estar sempre migrando de atuação em detrimento da falta de acessibilidade nas ferramentas que uso no trabalho. O desgaste que enfrento diariamente é físico e emocional. Começa com o pouco avanço da tecnologia assistiva não contribuir para facilitar a execução de tarefas, e continua quando lideranças adotam opiniões sobre a minha capacidade profissional, sem conhecimento das minhas necessidades funcionais ou quando empregam ineficientemente minhas habilidades. Noto que as ações de DE&I - Diversidade, Equidade e Inclusão estão promovendo a discussão de temas relevantes nas empresas, no entanto, o processo de incluir profissionais com deficiência ainda é um tabu veemente em todos os ambientes.

E, entendendo que, além de mim, outras bilhões de pessoas com deficiência também enfrentam situações desestimulantes no ambiente social, defendo a educação baseada na prática da inclusão social como uma ação urgentemente indispensável. Nesse sentido, os livros são uma ferramenta fundamental nesse processo — sobretudo aqueles que estendem à construção de narrativas que abordam o capacitismo como comportamentos com vieses preconceituosos. Pois é ao se informar sobre como as ações capacitistas favorecem o esquecimento e o descumprimento dos nossos direitos que a sociedade poderá se tornar agente na promoção de qualidade de vida para a população com deficiência, em diferentes recortes sociais e geográficos.

Maria Paula Vieira, *jornalista, fotógrafa e influenciadora*
___

Toda arte pode ser uma ferramenta de ensino e construção de um ambiente humano crítico e empático, além de trazer respiro às nossas vidas. Quando falamos da literatura, ela também pode ecoar vivências, abraçar, pluralizar vozes, em especial de pessoas que foram historicamente silenciadas. Por isso, é tão importante um espaço no cenário cultural — majoritariamente ocupado por pessoas sem deficiência — para a produção de um livro que mostre e explique cada linha, com e sem rampas, do capacitismo cotidiano pelo qual pessoas com deficiência são oprimidas.

Afinal, quanto vale o corpo? Em uma sociedade capacitista, os corpos com deficiência atravessam os olhares da sociedade como se valessem menos ou nada perto dos corpos sem deficiência. O capacitismo nos leva a nos sentirmos inferiores àqueles sem deficiência, pois somos tratados como anormais, incapazes, em comparação com um referencial definido como perfeito, ao dito corpo normativo.

Como uma pessoa que viveu desde a infância com essa opressão, me lembro de ter a autoestima minada desde nova, me sentindo um fardo para todos que me cercavam. Por muito, e em vacilos mentais, isso ainda me perseguiu. Será que eu sou um problema? Será que eles têm razão quando dizem à minha mãe que eu sou uma cruz? Minha mãe repetiu e reforçou o amor, acolhimento, que a sociedade não teve por mim, mas o capacitismo reverberou em mim mesmo assim.

Anos se passam, e ainda não temos respeito, acolhimento, acesso, equidade. Ainda vivo microviolências, por exemplo, quando me chamam de "linda", mas em seguida um "nem parece deficiente". Quando alguém se dirige ao meu parceiro e não a mim, deduzindo que não sou capaz de responder por mim mesma. Quando duvidam que eu sou a profissional que se especializou, jornalista, fotógrafa, modelo, criadora de conteúdo. Afinal, nos veem improdutivos e inúteis.

Em uma cidade sem acessibilidade, todos os dias também vivo macroviolências, que tiram as minhas possibilidades, que me colocam atrás na largada, que não me olham no olho e me excluem. Todo dia, a sociedade capacitista me bate para depois me usar de exemplo de superação.

Se, por tanto tempo, nos usam e em contrapartida nos tiram dos debates, aulas, história... quem melhor para falar sobre o que vivemos do que nós mesmos? Nada sobre nós, sem nós. Para que se contemple e seja compreendida toda vivência que é apagada de tantos livros, é necessário que haja representatividade, neste livro e fora dele, para que seja validada a nossa existência e, dessa forma, tenhamos pertencimento em diferentes espaços na sociedade.

Eu quero um futuro anticapacitista. E você? Espero que seja uma ponte nesse percurso.

Pauê Aagaard, *multiatleta, palestrante, primeiro campeão mundial de triatlo adaptado e primeiro surfista biamputado, autor do livro* **Caminhando com as próprias pernas**

A informação é um instrumento que possibilita às pessoas ter clareza do que se trata o mundo da pessoa com deficiência. Quando se tem informação para orientar como se posicionar, tratar e se relacionar, as pessoas têm oportunidade de fazer um bom ato, de não se apropriar de um termo que pode ser pejorativo ou ter um ar de exclusão. A informação é vital.

Então, um livro como este é uma oportunidade de alcançar as pessoas. Sobre como o capacitismo me atinge, vou ser bem sincero, eu nem ligo para o capacitismo. Não me ofendo, não é uma coisa que mexe comigo, desde o primeiro momento em que estabeleci que eu vou ser feliz do meu jeito e me posicionar da forma em que eu acredito. Desse modo, tudo o que for derivado disso, coisas que até poderiam ter um aspecto de ofensa, de visão capacitista, nada disso me causa raiva, rancor, nada do tipo. Entendo que o capacitismo acontece por falta de informação das pessoas, questão que um livro como este pode ajudar a solucionar.

Tathiana Piancastelli Heiderich, *influenciadora digital, ativista e atriz*
___

Precisamos acabar com o preconceito. Um dia, eu estava no aeroporto e me chamaram de doente. Quando eu era pequena, foi uma briga para conseguir uma escola regular. Estudei na escola especial e não gostei. Meus pais conseguiram escola regular, e eu fiz muitos amigos. Sem dúvida, para acabar com o capacitismo, um livro sobre o tema é muito importante.

Tato Amorim, ator, modelo, produtor e comunicador

Eu infelizmente não cresci com tantas referências de pessoas com deficiência em minha vida, precisei ir atrás delas. Por muito tempo, eu não via pessoas que passavam pelas mesmas situações que eu, e não ocorria nenhum tipo de identificação como eu gostaria que tivesse acontecido na minha pré-adolescência e na adolescência. Até porque todas as referências com deficiência que eu tive foram no ambiente fisioterapêutico. Então eu acabava me desvencilhando dessas pessoas nesse ambiente por conta do autocapacitismo, que existe principalmente quando se trata de um processo de aceitação que não vem da noite para o dia. O impacto do capacitismo na vida de uma pessoa com deficiência é uma linha muito tênue. Ele pode te impulsionar a continuar lutando por um ideal, por um movimento todo, mas também pode te instigar a parar, porque é muito pesado. As pessoas não estão preparadas para falar sobre capacitismo e para entender o seu impacto na vivência de pessoas com deficiência, e isso é muito sério. Dessa maneira, quanto mais juntos nós estivermos, como comunidade, mais fácil essa luta fica.

Thierry Cintra Marcondes, *conector de impacto e construtor de negócios futurísticos, pois o futuro é acessível, vegano e das mulheres.*

Se existem barreiras que podem obstruir a participação plena e efetiva das pessoas na sociedade, significa que o ambiente é capacitista por discriminá-las. Os seres humanos são a espécie mais "deficiente": enxergamos bem mal, não temos pique para correr quando comparados a outros animais, mas foi nas nossas deficiências que criamos o avião para voar, o telefone para falar a longas distâncias, novas maneiras de nos comunicarmos. Então os seres humanos são preconceituosos uns com os outros, mas aproveitaram as falhas que têm para se superarem e evoluírem.

Uma vantagem de ser surdo é que muitas situações capacitistas eu acabo não entendendo ou até não escutando, isso muitas vezes me deu energia para ignorar e fazer as coisas do meu jeito, entregando valor.

Victor Veloso, *expedicionário do projeto Expedição 21*

Já passei por situações de capacitismo, pois duvidam da capacidade das pessoas com síndrome de Down e com outras deficiências.

Aprendi que uma pessoa com deficiência é capaz de se tornar independente e ser protagonista da sua história, pois todos temos capacidades dentro de nós.
Tenho muito orgulho de vocês poderem ler este livro e da minha história ficar dentro dos pensamentos de cada um de vocês. Obrigado!

Introdução

"Nosso corpo é político."
Tabata Contri

Na afirmação da nossa amiga e companheira nessa jornada anticapacitista, entendemos que nossos corpos com deficiência são políticos porque geramos impacto onde estamos. Nossa presença, em qualquer lugar, evidencia a falta de acessibilidade. Evidencia a exclusão e a opressão que se manifestam na forma de comportamentos capacitistas.

"Precisamos de políticas públicas para garantir nossa participação na sociedade em todas as circunstâncias", completa Tabata Contri, chamando a atenção para o fato de que nós, pessoas com deficiência, estamos na sociedade, somos da sociedade e nossa existência interfere nas demais existências, inclusive na sua. Em suma, nós queremos existir! E esse **existir** significa consideração, respeito, valorização e dignidade.

Nas situações que descrevemos a seguir, está materializada essa dificuldade:

Aos 43 anos, acompanhada da minha filha de 16, fui carregada por oito fileiras em um avião lotado. Naquele momento eu já vivia há 20 anos como pessoa cadeirante e não era a primeira vez que vivenciava uma situação assim. Como em todas as outras vezes, eu estava de bom humor, fui cordial com os profissionais da companhia aérea que estavam gentilmente me carregando. Sorria para os poucos passageiros que me olhavam nessa situação, como quem dissesse "está tudo bem, já estou acostumada!".

Quando fui colocada na poltrona da fileira oito, uma percepção me transbordou: minha filha estava andando m u i t o envergonhada pelo mesmo corredor que eu tinha acabado de ser carregada. Imediatamente, comecei a chorar e, como um filme rebobinado em minha cabeça, pude perceber meu bom humor como resposta à humilhação, a gentileza dos caras que me carregaram como resposta à humilhação, os olhares de alguns passageiros e os "não olhares" dos demais como resposta à humilhação. Em velocidade acelerada, o filme em minha cabeça me mostrou muitas e muitas situações similares pelas quais passei por 20 anos.

Então percebi que o choro não veio por aquele momento isoladamente, e nem pela opressão que minha filha estava passando junto comigo naquele dia. O choro era pela culpa de ter sido tão permissiva por tanto tempo e pela minha insensibilidade em não perceber que, quando sou carregada, uma sociedade inteira de pessoas — com e sem deficiência — são oprimidas junto comigo.

Vale ressaltar que, em pleno século 21, eu e todas as pessoas com deficiência ou mobilidade reduzida já temos direitos adquiridos para ingressar em aeronaves com acessibilidade e dignidade. Sem constrangimento, sem humilhação, sem opressão. Temos as políticas públicas! Porém, falta o exercício delas.

Carolina Ignarra

Com esse caso, percebemos que não se trata da falta de autonomia, nem da falta de recursos, de acessibilidade ou de tecnologia. O que acabamos de descrever mostra a falta de atitude que chamamos de "barreiras atitudinais" e que entendemos como a principal causa do capacitismo instalado em nossa cultura.

Quando me tornei cadeirante, deparei-me com uma realidade muito excludente. Eu não me conformava com o fato de que toda a parcela da população com algum tipo de deficiência poderia ser tão negligenciada, oprimida e prejudicada pelas barreiras sociais impostas. Uma das formas de elaborar aquela fatalidade que havia acontecido comigo foi bater no peito e trazer a responsabilidade de militar pela inclusão onde quer que eu estivesse.
Em 2003, quando eu, o Gui e a Luka, em uma mesa de bar, decidimos que faríamos um grande evento com música, cor, alegria e inclusão. Com o objetivo de chamar a atenção da sociedade para essa pauta, demos início ao

Movimento SuperAção. Um movimento que trazia, sim, a analogia da superação da pessoa com deficiência, mas, também, o propósito de realizarmos uma "super ação" em prol da inclusão.
O logotipo era provocativo: um dragão alado em uma cadeira de rodas. O dragão traz aquele lado da pessoa com deficiência que é vista como feia, escória, pela sociedade, porém em uma crítica poética. Das rodas da cadeira do Dragão brotavam asas, simbolizando a liberdade tão almejada.
Com o passar dos anos, a palavra "superação" foi sendo estressada a tal ponto, pelo capacitismo, que perdeu o sentido para muitas pessoas com deficiência. Pois é sempre usada para exaltar a pessoa com deficiência no lado oposto que toda opressão nos coloca, nos tirando de um lugar de coitados e doentes para nos colocar como super-heróis. Essa dicotomia não é saudável para o processo de inclusão, pois ignora a equidade. Estamos sempre polarizados, ou no extremo triste e coitadinho, vitimista e assistencialista, ou no extremo "exemplo de vida". Isso é muito cruel e capacitista, porque cria uma expectativa ilusória de que aquele "super ser" não pode falhar, acordar de mau humor, sentir-se indisposto, pois superou algo bem maior: as barreiras impostas às pessoas com deficiência. O que precisamos é de oportunidades para ocuparmos a zona central entre esses extremos e de equiparação para progredir gradativamente em nossas vidas (ou não) como qualquer ser humano.
Na época, o movimento se tornou uma ONG, juridicamente fundada para viabilizar a realização dos eventos.

E batíamos no peito, mostrando o orgulho pelo nome com que a batizamos. Hoje, sinceramente, é bem provável que se eu tivesse que escolher um nome para um movimento tão importante como esse, que se tornou referência no segmento, certamente não seria "Superação", nem "SuperAção". Buscaria algum título mais humano, mais real, porque tratar as pessoas unicamente no campo do abstrato e poético tem nos prejudicado há séculos. Reconhecer-se capacitista também é evoluir e dizer que sermos os dragões da superação foi muito capacitista. Somos pessoas e a deficiência é apenas uma de nossas características, e isso não nos faz parte da legião dos heróis que não podem falhar, e nem das aberrações vilãs que nunca vão progredir, construídas no inconsciente coletivo.

Billy Saga

O caso do Billy demonstra a invisibilidade da nossa competência, e como a nossa história de superação ofusca nossas outras características positivas. A nossa capacidade de superar existe, porém o capacitismo instalado em nossa cultura nos resume a ela, enquanto somos muito mais do que a nossa capacidade de superação.

A partir dos dois casos que abrem a leitura deste livro, é possível perceber que nós assumimos as nossas corresponsabilidades nas opressões que passamos, e acreditamos que só nos desenvolvemos ao assumir as nossas falhas, afinal, conhecer onde estamos errando nos faz reagir. A autoria dessa obra é a materialização da nossa reação.

Em paralelo, entendemos que é preciso dimensionar nossa população. Quantas pessoas com deficiência existem no Brasil? O que exatamente caracteriza uma pessoa com deficiência? Doenças raras crônicas estão inclusas? As cotas incluem quantas pessoas e quantas deficiências?

É dessas duas premissas que parte nosso convite aos leitores e leitoras com deficiência, para que se assumam corresponsáveis pela desconstrução do capacitismo em nossa cultura. Já aos leitoras e leitores sem deficiência, convidamos para assumir a corresponsabilidade com a gente. De acordo com Alex Duarte, do lugar de fala de uma pessoa sem deficiência, "Somos capacitistas em desconstrução", e isso nos faz acreditar que todas as pessoas podem ser nossas aliadas no desenvolvimento de uma cultura mais inclusiva.

Por fim, nosso pedido é que continue essa leitura se entender que você, no lugar de pessoa com deficiência ou de pessoa aliada, faz parte desse processo de desconstrução e que a evolução da nossa cultura anticapacitista atinge positivamente a sua existência, assim como o capacitismo, direta ou indiretamente, também oprime você.

É sobre nós e não sobre elas. Faz sentido para você? Podemos então contar com você para criar um futuro inclusivo e anticapacitista?

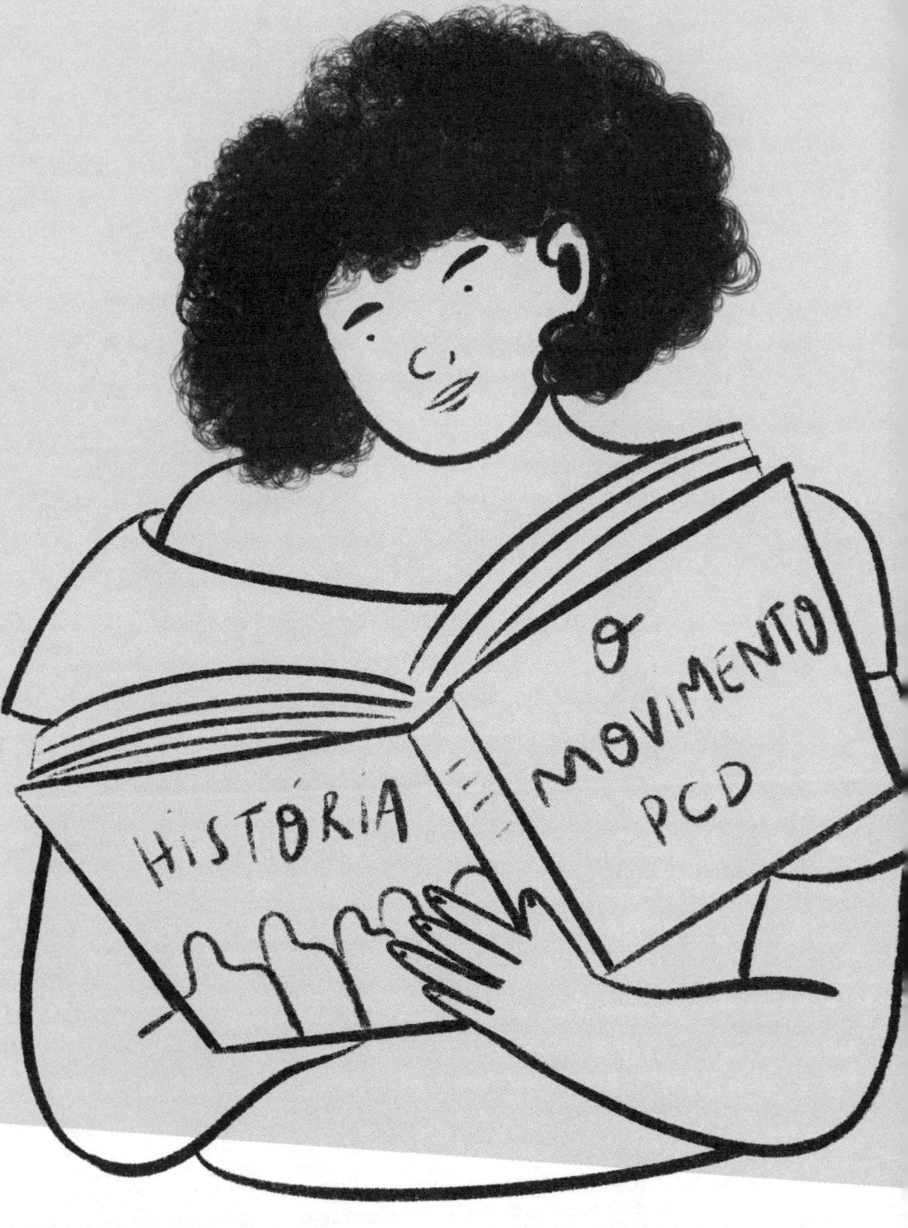
HISTÓRIA
O MOVIMENTO PCD

1
Um pouco de história, para começar*

"Tratar todo mundo igual é um erro."
Carolina Ignarra

A psicologia já comprovou que o modo como uma pessoa age em relação a outra diz muito mais sobre ela mesma do que sobre aquela com a qual se relaciona. Essa máxima pode ser aplicada quando analisamos o histórico das pessoas com deficiência no mundo. As maneiras como elas foram e são excluídas e as iniciativas de inclusão para essa população, que eventualmente surgem, sobretudo em tempos mais recentes, traçam um bom perfil de como e quanto evoluímos como espécie e como sociedade em geral.

Na pré-história, era comum que as pessoas com deficiência fossem abandonadas ou mesmo eliminadas pelo grupo, visto que o ser humano era nômade e vivia da caça e da pesca para sobreviver. Não havia dilemas morais ou éticos nos atos de abandono ou mesmo no extermínio de uma pessoa

---

* Com contribuições de Elza Ambrosio, integrante do movimento social de pessoas com deficiência, e Eliane Ranieri, consultora da Talento Incluir em diversidade, equidade e inclusão, cultura inclusiva, governança e desenvolvimento de lideranças.

com alguma deficiência: tratava-se muito mais de uma necessidade de sobrevivência do que de uma construção social pautada em valores e convivência.

Na Idade Antiga, por sua vez, o tratamento ao qual as pessoas com deficiência eram submetidas mudou, conforme a região do planeta. No Egito, o costume era integrar as pessoas com deficiência nas diversas camadas sociais, e esse respeito era exercido como um dever moral. Havia faraós e imperadores com deficiência visual, assim como vários músicos e artistas. As leis romanas, no entanto, eram bem prejudiciais às pessoas com deficiência. Uma delas permitia o pai matar um filho com deficiência. Crianças com deficiência eram deixadas em cestos às margens do rio Tibre, e muitas acabavam recolhidas por exploradores que as utilizavam para pedir esmolas.

> O modo como uma pessoa age em relação a outra diz muito mais sobre ela mesma do que sobre aquela com a qual ela se relaciona

A chegada do cristianismo mudou bastante essas condições ao pregar o amor ao próximo. Práticas de caridade e assistência às pessoas com deficiência passaram a ser enfatizadas, algo que se tornou comum já por volta de 300 d.C. Surgiram instituições e hospitais de acolhimento para atender a essas pessoas. O ano de 476 d.C., porém, marcou uma virada nessa chave. As pessoas com deficiência começaram a ser percebidas como manifestações do castigo de Deus e, sendo assim, precisavam ser afastadas do convívio social, passando a ser segregadas.

Foram necessários outros mil anos para que esse quadro passasse por uma reviravolta. O Renascimento trouxe uma série de avanços nas ciências e nas artes, e também nas maneiras de a sociedade incluir as pessoas com deficiência. Elas voltaram a ocupar hospitais e abrigos dispostos a atendê-las.

É importante notar que esse acolhimento não necessariamente significava uma maneira de inclusão que refletisse de fato o pensamento de "Todos são iguais perante Deus". Em seu livro *As pessoas com deficiência na história do Brasil: uma trajetória de silêncios e gritos*, Emílio Figueira reproduz passagens de cartas do jesuíta e escritor espanhol José de Anchieta, na ocasião em que esteve no Brasil, nos anos 1560.

Em seus escritos, José de Anchieta muitas vezes se referia a pessoas com deficiência como "monstros", identificando poucas delas entre os indígenas que ele estudava. É o que demonstra este trecho de uma de suas cartas, em que fala dos brasilíndios: "Rarissimamente se acha entre eles torto, cego, aleijado, surdo, mudo, corcovado, outro gênero de monstruosidade: coisa tão comum em outras partes do mundo".

Sobretudo a partir do século 18, as perspectivas de convivência mais próxima com as pessoas com deficiência ajudaram a ciência em descobertas relevantes de tratamentos para algumas patologias. O estudo de pessoas com Síndrome de Down, por exemplo, auxiliou a medicina no entendimento do sopro no coração. De certa forma, porém, esses indivíduos eram tratados como cobaias para as experiências científicas. Essa época também foi marcada por evoluções no campo religioso: a Igreja aposentou de vez a ideia de castigo ligada às pessoas com deficiência e se concentrou nas ações de assistencialismo voltadas para elas.

Mesmo nesse período, em algumas circunstâncias, a sociedade continuou agindo como se muitas pessoas com deficiência constituíssem um grupo à parte, chegando a colocá-las como atrações naqueles que eram chamados de circos dos horrores. Essas casas exibiam as pessoas com deficiência como meras curiosidades, fazendo delas um instrumento de um tipo de diversão perversa e mórbida e alimentando sua segregação. Muitos desses indivíduos acabavam se sujeitando a essas condições por não conseguirem emprego em outras atividades.

Fazendo uma análise das grandes disputas pelo poder econômico e político no mundo, é importante notar o quanto esses movimentos afetaram a situação das pessoas com deficiência ao longo dos séculos. Napoleão Bonaparte, por exemplo, destacou a potência para o trabalho de soldados feridos ou mutilados em guerra. No século 20, o nazismo promoveu o conceito de eugenia, pregando uma suposta pureza racial, o que significava eliminar as pessoas que fugiam dos padrões estabelecidos por essa ideologia. Os campos de extermínio foram criados para eliminar todas as pessoas consideradas "inferiores", o que incluía pessoas com deficiência.

Depois de duas grandes guerras mundiais, o planeta se viu às voltas com um alto contingente de pessoas mutiladas e com diversas sequelas. Essa população oneraria demais os sistemas de previdência social se não fossem incorporadas pelo sistema de produção. Fundada em 1919 na esteira da Primeira Guerra Mundial, a Organização Internacional do Trabalho (OIT) recomendou que as pessoas com deficiência em função das guerras fossem absorvidas pelas empresas por meio de cotas empregatícias.

Se compararmos essas medidas com os costumes pré-históricos de deixar para trás as pessoas com deficiência, podemos dizer que houve um avanço e tanto. Em paralelo, aumentaram os investimentos em técnicas e tecnologias de reabilitação. Mas foi a atuação dos movimentos sociais organizados no século 20 que realmente trouxe mudanças, pressionando o Estado a adotar medidas de inclusão e garantir direitos básicos.

Mobilização por direitos

O ano de 1981 se constituiu em um marco importante ao ser decretado pela Organização das Nações Unidas (ONU) como o Ano Internacional da Pessoa com Deficiência. A ocasião favoreceu movimentos que se propuseram a trabalhar pela inclusão dessa população. No Brasil, grupos que já trabalhavam pela causa desde a década de 1970 tornaram-se ainda mais atuantes.

> **Foi a atuação dos movimentos sociais organizados no século 20 que realmente trouxe mudanças.**

Uma das iniciativas mais marcantes do período foi o Movimento pelos Direitos das Pessoas com Deficiência (MDPD), coordenado por Cândido Pinto de Mello, líder estudantil que se tornou paraplégico depois de ser baleado por agentes da ditadura militar brasileira. Também merece destaque o Núcleo de Integração de Deficientes (NID), criado em 1980 em São Paulo por três estudantes que prestavam vestibular.

Na capital paulista, muitas das manifestações organizadas pleiteavam melhores condições estruturais de ocupação dos espaços urbanos. As pessoas com deficiência que comandavam as ações desses grupos literalmente iam para as ruas. Em 1978, por exemplo, no Metrô de São Paulo, após um rapaz cadeirante não conseguir passar a catraca da estação da Sé e ser informado por um funcionário do local que ali não era lugar para

O ano de 1981 se constituiu em um marco importante ao ser decretado pela Organização das Nações Unidas (ONU) como o Ano Internacional da Pessoa com Deficiência

pessoas como ele, um contingente de cerca de 150 pessoas com deficiência se deslocou até a estação para marcar presença por conta do ocorrido. O episódio culminou em uma ação movida contra o Metrô de São Paulo. A causa foi ganha em 1988 e obrigou que, a partir daquela data, todas as estações na cidade de São Paulo fossem construídas com elevadores e acesso para pessoas com deficiência.

Essa mobilização em particular partiu da Fraternidade Cristã de Pessoas com Deficiência (FCD), movimento originado na França e que no Brasil contou com lideranças como a do padre jesuíta Geraldo Marcos Labarrère Nascimento e a de Maria de Lourdes Guarda, paulista nascida em Salto que, por volta dos 20 anos, tornou-se paraplégica devido a uma cirurgia malsucedida na coluna. Ao longo dos anos 1970, Lourdes passou a receber pessoas com deficiência no quarto em que vivia deitada, no Hospital Matarazzo (Umberto I), na Bela Vista, em São Paulo. No começo dos 1980, os encontros passaram a ser ainda mais frequentes e a reunir mais participantes. Entre eles, nomes que fizeram história na conquista de nossos direitos, como Romeu Sassaki, Cândido Pinto de Mello, Rui Bianchi do Nascimento e Elza Ambrosio.

Rui e Elza formaram um casal bastante ativo na causa das pessoas com deficiência. Conheceram-se quando eram estudantes e, juntos, participaram de muitas conquistas. Uma delas foi o projeto Atende, que em 1996 passou a disponibilizar transporte público gratuito para pessoas com deficiência na cidade de São Paulo. Avanços desse tipo aconteceram a partir da pressão exercida sobre governantes durante anos. Políticos, inclusive, frequentavam as reuniões no quarto de Lourdes.

Facilitar o acesso a informações sobre pessoas com deficiência foi também uma das preocupações de Elza Ambrosio e Rui Bianchi. Em 2009, Elza esteve à frente de uma exposição no Memorial da América Latina, em São Paulo, que se tornou Memorial da Inclusão, o qual, pelo Decreto nº 63.892, de 05/12/2018, passou a ser o Museu Memorial da Inclusão: Os Caminhos da Pessoa com Deficiência.

A importância do protagonismo assumido pelas pessoas com deficiência para a consumação das conquistas de seus direitos é destacada por Carla Grião da Silva em sua tese "Lugares de memória do Movimento Social das Pessoas com Deficiência na cidade de São Paulo de 1978 a 1981", defendida no programa de pós-graduação de Culturas e Identidades Brasileiras do Instituto de Estudos Brasileiros da Universidade de São Paulo, em 2022.

O século 21 traz um novo momento para as pessoas com deficiência, com a chegada de resoluções e leis que visam à sua integração na sociedade. Também surgiram iniciativas para reunir esforços na busca por condições de vida mais dignas e igualitárias para essas pessoas.

Um bom exemplo desse tipo de mobilização é a ONG Movimento SuperAção, criada em 2003 pelo autor deste livro, Billy Saga, e outros jovens com e sem deficiência que alimentam um objetivo em comum: promover a cidadania de uma parcela da população que almeja ser incluída.

O movimento já realizou passeatas importantes em várias cidades brasileiras, como São Paulo, Rio de Janeiro, Porto Alegre e Natal, fazendo-se presente em cenários como a Avenida Paulista e a orla de Copacabana. Vale ressaltar aqui que a acessibilidade que existe hoje na Avenida Paulista tem muita influência desse movimento, que também ocupou ruas na Argentina, em Santa Fé e em San Justo. Em 2010, a passeata do SuperAção passou a ser a abertura oficial da Virada Inclusiva da Secretaria da Pessoa com Deficiência do Governo do Estado de São Paulo.

Essa longa e complexa trajetória ainda envolve desafios enormes. Mas, mesmo diante dos tantos retrocessos vividos ao longo dos anos, ainda é possível ser otimista em relação às perspectivas do que está por vir.

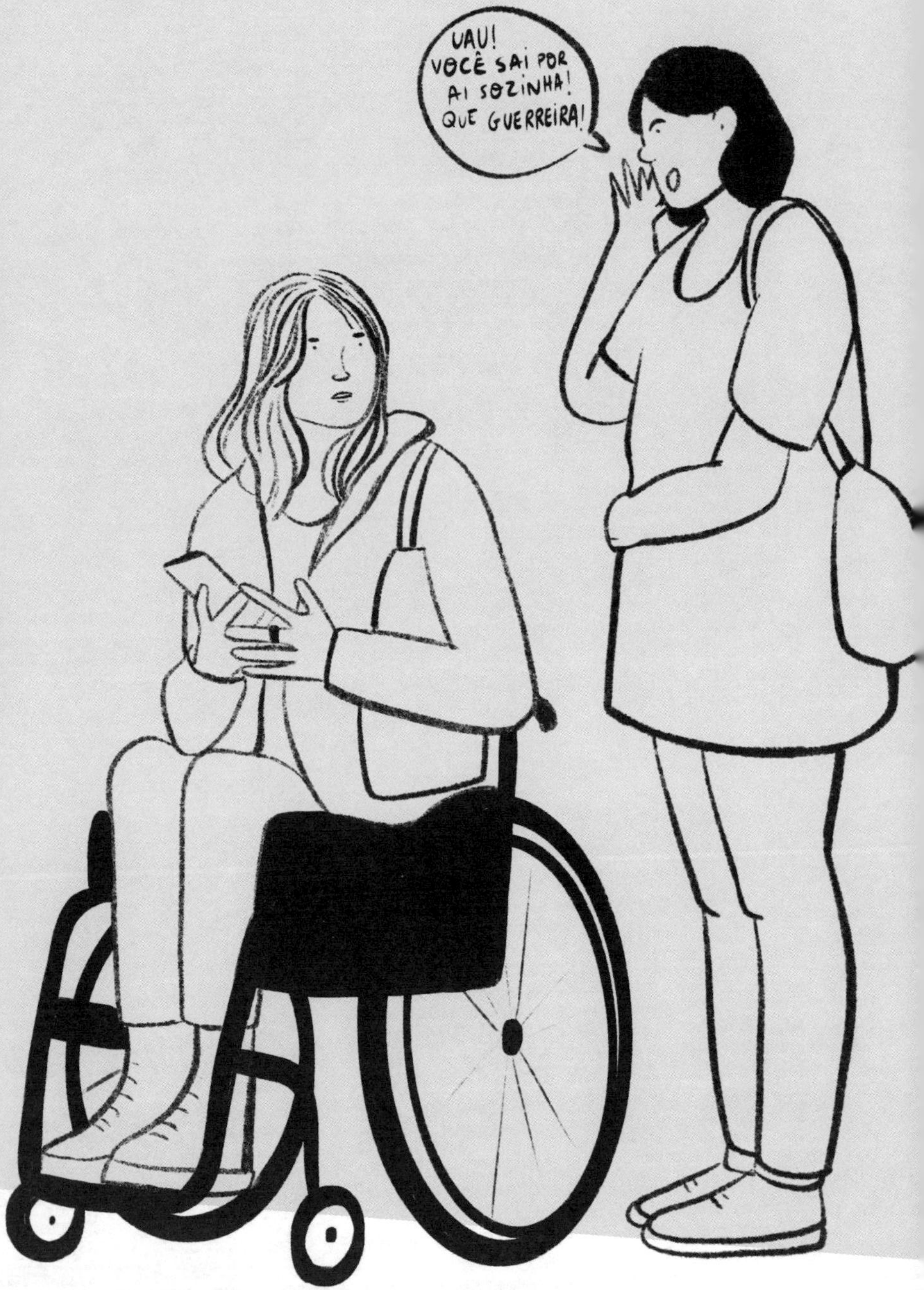
UAU!
VOCÊ SAI POR
AÍ SOZINHA!
QUE GUERREIRA!

2

Afinal, o que é capacitismo?*

"O capacitista nunca está sozinho. Tem sempre alguém para aplaudir, confirmar, rir ou endossar suas atitudes."
Carolina Ignarra

Imagine que você está aguardando um amigo na calçada, e alguém passa e joga uma moeda em seu colo. Ou que, enquanto observa o movimento de uma avenida perto de um cruzamento, um desconhecido lhe aborde com o firme propósito de ajudá-lo ou ajudá-la a atravessar a via, quando essa, na verdade, nem é a sua intenção — mas a insistência da pessoa pela vontade de ajudar é tamanha que o "benemérito" nem lhe dá tempo de explicar que tal auxílio não é necessário naquele momento.

Nós, pessoas com deficiência, passamos por constrangimentos desse tipo frequentemente. E eles não param por aí. Também é comum uma pessoa cadeirante adulta receber um beijo na testa no elevador, de alguém comovido com a nossa condição. É frequen-

---

* Com contribuições de Tabata Contri, mulher cadeirante, atriz e consultora de inclusão de pessoas com deficiência.

> **É essa opressão, essa dúvida, que recebe o nome de capacitismo (*ableism*, em inglês), termo que se originou na década de 1990 nos Estados Unidos e que começamos a usar aqui no Brasil a partir de 2015**

te ainda o episódio do casal no restaurante, em que um dos dois é uma pessoa com uma deficiência e o garçom só conversa com a pessoa sem deficiência, como se a deficiência fosse algo incompatível com a capacidade de escolher um prato ou uma sobremesa.

Podemos elencar razões para as atitudes acima descritas, a de quem ofereceu ajuda para cruzar a avenida quando esse não era o objetivo em questão, ou interpretou a partir de suas próprias crenças que um cliente não podia decidir por si mesmo o que comer, ou ainda recompensou uma suposta fraqueza do outro com uma esmola ou um beijo na testa.

Cada um desses "bem-intencionados" teve suas motivações para agir nas circunstâncias apresentadas, e esses motivadores podem variar de acordo com cada caso descrito. Porém, eles convergem para a mesma realidade: são atitudes capacitistas, mesmo sem o objetivo de ser. Assim como o machismo ou o racismo, a discriminação contra as pessoas com deficiência existe, é sistêmica e ainda é pouco percebida. É um comportamento que se repete por questões culturais — religiosas e sociais, como mostramos no Capítulo 1 — e, por isso, fica ainda mais difícil de mudar.

Lidar com as pessoas com deficiência sempre foi um problema, na maioria das sociedades. Desde pequenos, somos ensinados por nossas famílias que não podemos falar sobre as pessoas com deficiência, sequer ficar olhando para elas, e que devemos tratá-las como doentes, incapazes de serem autônomas em suas vidas. Essa forma de entender a deficiência como assunto intocável e ignorado mantém-se de geração em geração.

É essa opressão, essa dúvida das capacidades da pessoa com deficiência, que recebe o nome de capacitismo (*ableism*, em inglês), termo que se originou na década de 1990 nos Estados Unidos e que começamos a usar aqui no Brasil a partir de 2015.

Em 2016, um grupo de pessoas com deficiência liderado por Fatine Oliveira, uma professora universitária com distrofia muscular, realizou uma campanha com a hashtag **#écapacitismoquando**. Na ocasião, o objetivo era marcar o nome da discriminação às pessoas com deficiência e levá-lo ao conhecimento da sociedade, assim como acontece com os demais marcadores sociais.[1] Também participaram da criação do movimento Mila D'Oliveira, Marina Batista e Laureane Lima Costa.

A reverberação do termo "capacitismo" fez surgir uma geração de pessoas com deficiência que criam conteúdos nas redes sociais para relatar suas experiências capacitistas. A pandemia da Covid-19 contribuiu para o aumento dessas postagens.

As situações a que o termo se aplica, porém, já vêm mesmo de longa data. Na Antiguidade, as pessoas com deficiência não tinham direito à vida. Eram jogadas aos leões ou assassinadas das formas mais brutais e cruéis. Mas, com

---

1. Marcadores sociais são sistemas de classificação que identificam pessoas por características tanto humanas (cor e gênero, por exemplo) quanto sociais (caso da faixa de renda), fazendo referência a grupos minorizados e desigualdades sociais.

a ascensão do cristianismo, "matar" não era mais permitido. Ainda assim, a religião por vezes alimentou o capacitismo, que resiste aos tempos. Muita coisa mudou, mas a cultura de atirar pessoas com deficiência em calabouços e porões e deixá-las esquecidas à própria sorte se arrasta por séculos e se perpetua até hoje em algumas instituições e orfanatos que acolhem pessoas com deficiência abandonadas por todo o Brasil, das capitais ao interior, em todas as regiões.

O capacitismo é responsável pela ausência de pessoas com deficiência nas escolas, no trabalho, nas ruas, nos centros de lazer e cultura, nos esportes, nos comerciais, nas novelas. Ele começa em casa, quando as famílias isolam a pessoa com deficiência com a "boa" intenção de mantê-la em "segurança" e "protegida". Entretanto, não deixar alguém ter experiências na vida não pode ser sinônimo de proteção.

De fato, o capacitismo está nas ruas, no trabalho, nos olhares, nas piadinhas sem graça, nos comentários preconceituosos, no bullying, na falta de respeito. Está no sistema de saúde, que tantas vezes carece dos recursos adequados para oferecer as melhores condições de atendimento e orientação para as pessoas com deficiência.

As pessoas com deficiência são sempre questionadas por profissionais da saúde por tentar realizar seus exames e consultas sem acompanhante. No entanto, a realidade é que esses lugares é que precisam ser acessíveis para nós. Se dirigimos nossos carros, entramos em nossas casas, em compromissos diversos, trabalho, tudo isso sem precisar de ajuda — desde que haja acessibilidade — por que não podemos ir a uma consulta médica sem acompanhante?

Papéis invertidos

A responsabilidade a todo momento é jogada em nossas costas. Um exemplo é a responsabilidade pela atualização do laudo médico exigido das pessoas com deficiência pelas empresas em que trabalham. Ora, se o laudo é uma exigência legal para as empresas comprovarem que se enquadram na Lei de Cotas, cabe a elas, e não ao trabalhador com deficiência, a responsabilidade pela atualização dos laudos.

É justo que esse profissional pague do próprio bolso o custo dos exames, as esperas e tudo que isso envolve para a obtenção de um laudo que é demanda da empresa e não dele? Afinal, é a empresa que precisa comprovar que atende à lei. São distorções como essa que afastam até os candidatos das entrevistas e, muitas vezes, as empresas nem buscam saber por que eles não compareceram.

No mundo artístico — das agências de publicidade ao teatro e à TV —, uma atitude capacitista muito frequente é o chamado "cripface", prática de utilizar modelos e artistas sem deficiência para interpretar pessoas com deficiência. Como se não existissem atores com deficiência. Existem. Porém, poderia haver muitos mais. Se isso acontece em uma área em que a representatividade é tão evidente, imagine em outras áreas do mercado de trabalho.

Às vezes é cansativo para a pessoa com deficiência apontar as questões capacitistas. Ao mesmo tempo, podemos, com gentileza,

> **O capacitismo é responsável pela ausência de pessoas com deficiência nas escolas, no trabalho, nas ruas, nos centros de lazer e cultura, nos esportes, nos comerciais, nas novelas**

sempre indicar boas fontes e referências para ajudar as pessoas a entenderem e criarem consciência sobre o tema. Por desconhecimento, as pessoas acreditam que podem perguntar de tudo e acabam ultrapassando os limites da privacidade. Diante disso, o nosso papel para desconstrução do capacitismo é compartilhar nossos conhecimentos. Dessa forma, traremos mais aliados à inclusão em vez de afugentá-los. Essas barreiras podem se tornar mais fáceis de romper se tivermos respaldo da educação pública. No entanto, o conceito de educação inclusiva é algo que surge apenas no final dos anos 1990 e início dos anos 2000. Até então, as pessoas com deficiência nem sempre frequentavam as escolas e apresentavam altos índices de analfabetismo e falta de qualificação para ingressar no mercado de trabalho. Mesmo atualmente, o conceito de educação inclusiva não é aplicado com eficiência nas escolas particulares e públicas.

Com a aprovação e o exercício da Lei de Cotas (Lei nº 8.213/91), que existe desde 1991 no Brasil, o sonho da inclusão começa uma nova história e torna possível o desejo das pessoas com deficiência de buscar colocação no mercado de trabalho, conscientizando a sociedade a pensar que antes da deficiência existe um ser humano com capacidade para trabalhar, estudar e viver com autonomia e dignidade.

Subestimar uma pessoa por sua deficiência é tão capacitista quando superestimá-la

São capacitistas aqueles comportamentos como o beijo na testa da pessoa cadeirante, a esmola para o homem cego que nem pediu, aquele "empurrãozinho" na nossa cadeira de rodas sem ao menos perguntar se era preciso. Contudo, essas atitudes são apenas manifestações mais evidentes de uma estrutura social enraizada e cuja análise precisa ser aprofundada. Em suma, todo julgamento sobre a capacidade da pessoa com deficiência de realizar uma tarefa, um trabalho do qual a sua deficiência não seria impeditiva, é capacitismo.

Subestimar uma pessoa por sua deficiência é tão capacitista quanto superestimá-la. Não somos super-heróis só porque nos vestimos para trabalhar em nossas cadeiras de rodas todos os dias. Não temos superpoderes só porque somos mães cegas ou surdas ou porque fazemos exercícios no parque ou ainda porque sorrimos. O que as pessoas com deficiência precisam é o contrário disso. Precisamos ser encarados com naturalidade, considerando as nossas limitações e a partir das nossas possibilidades. Esse modelo de superação não contribui em nada para nossas retomadas de vida, para os nossos desafios diários. A vida desafia todas e todos de formas diferentes.

Tanto ao subestimar quanto ao superestimar a pessoa com deficiência, o indivíduo capacitista projeta o modo como se imagina no lugar dela. É uma forma de pensamento voltada para si mesmo, na lógica de "se fosse comigo, eu não daria conta". Já a compaixão é o oposto disso, é colocar-se no lugar de alguém e tentar analisar a realidade a partir dessa perspectiva. Somente assim é possível ser anticapacitista.

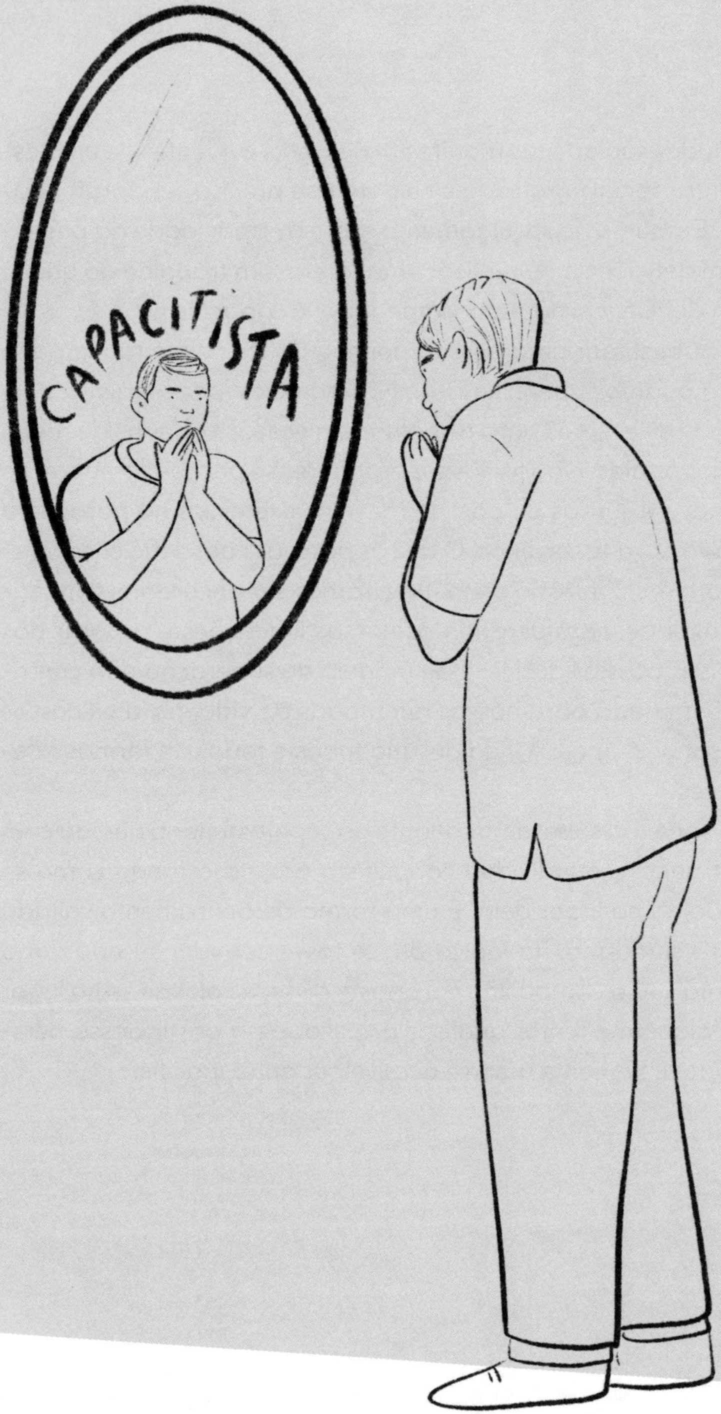
CAPACITISTA

3
Desconstrua o capacitista que existe em você

"A mesma sociedade que nos dá parabéns por ultrapassar uma barreira arquitetônica é aquela que não nos dá recursos mínimos para ir e vir."
Tabata Contri

O capacitismo pode assumir várias formas. Para começar a desconstruí-lo, é importante saber que ele pode ser passivo ou ativo e variar entre linguístico e recreativo. Em seguida, explicamos essas variações.

Capacitismo passivo

O capacitismo passivo é aquele que acontece quando as pessoas que o cometem não percebem que são capacitistas. Talvez, até mesmo sem intenção, ele vem com um tom de piedade ou como um elogio exagerado. Ele sai do subestimar para o superestimar rapidamente.

Uma atitude muito capacitista e recorrente é a de pessoas sem deficiência acharem que, no nosso lugar, não conseguiriam realizar metade do que realizamos diariamente em nossas rotinas. O pior de tudo é acharem que isso configura um elogio, porque nos confere aqueles já citados "superpoderes". Mas isso está longe de ser um elogio para nós.

As pessoas tendem a achar que pessoas com deficiência são "feias", desprovidas de inteligência, e se surpreendem quando se deparam com uma realidade diferente. Essa surpresa é um capacitismo passivo.

Chamamos de passabilidade quando a pessoa com deficiência não tem características latentes. Muitas deficiências são invisíveis ou pouco percebidas, o que concede certos privilégios que outras pessoas com deficiência não têm, mas, também, oferece exposição à opressão quando tentam utilizar direitos como o da fila de prioridade, por exemplo. Em situações como essa, é comum que pessoas com deficiências menos visíveis precisem se justificar. Além de precisarem mostrar sua condição, as pessoas precisam evidenciar a necessidade de utilização daquele direito.

O capacitismo passivo é ainda mais opressor, porque geralmente vem disfarçado de "elogio". Ainda assim, não é desculpa para ser aceito ou para validar nossa inclusão.

Capacitismo ativo

O capacitismo ativo já é algo mais proposital. Quem o comete sabe, de alguma forma, que está tendo um comportamento nitidamente opressor, exclusivo e violento com as pessoas com deficiência.

Um exemplo dele é a arquitetura inacessível. A lei nº 10.098/2000 concedeu o prazo de dez anos para todos os estabelecimentos públicos tornarem-se acessíveis. Quem não cumpriu, além de estar fora da lei, também se assume um capacitista ativo.

Também é capacitismo ativo apontar o dedo para uma pessoa com deficiência, tirar uma foto sem autorização, tratar o tema com piedade ou usá-lo para fazer piadas. Um exemplo comum são matérias de televisão que, ao relatar um fato ligado a pessoas com deficiência, utilizam uma música triste de fundo, para reforçar a ideia de dor e piedade.

São muitas as situações que nos fazem cair nas armadilhas do capacitismo. Evitá-las é um esforço de aprendizado contínuo. É um desenvolvimento que não termina nunca

Além das modalidades ativas e passivas, o capacitismo também pode ser:

Linguístico: expressões que foram normalizadas popularmente, mas que têm uma conotação negativa e atingem diretamente as pessoas com deficiência, por utilizarem alguma característica física, sensorial ou intelectual de maneira pejorativa ou como xingamento. Por exemplo: "dar uma mancada", "dar uma de João-sem-braço", "seu cego", "seu surdo", "retardado", etc.

Quando usamos a deficiência como adjetivo, cometemos capacitismo linguístico passivo ou ativo, dependendo do emprego da expressão. É preciso trocar a expressão, ainda que as pessoas ou a pessoa com deficiência não se ofendam com ela. Afinal, não se trata de escolhas individuais e, sim, coletivas.

O ideal é não somente apontar que a expressão é capacitista, mas indicar como substituí-la. Ou seja, não basta dizer o que não está errado, é preciso apontar o que é certo.

Veja alguns exemplos de expressões que devemos tirar de uso e como podemos trocá-las:

Expressão capacitista	Sugestão de substituição
"Que mancada"	"Que vacilo"
"Você está surdo?"	"Você entendeu?"
"Se fez de João-sem-braço"	"Se fez de desentendido"
"Fingir demência"	"Fingir que não foi com você"
"Mão de obra"	"Força de trabalho"
"Pessoas normais"	"Pessoas sem deficiência"
"Pessoas especiais"	"Pessoas com deficiência intelectual"
"Preso a uma cadeira de rodas"	"Pessoa em cadeira de rodas"
"Exemplo de superação"	"História inspiradora"

Recreativo: acontece quando alguém usa a condição do outro para fazer piadas. Pela lei nº 13.146, artigo 88, isso é crime. Usar a deficiência para fazer os outros rirem é crime e, nesse caso, os capacitistas nunca estão sozinhos, porque sempre tem alguém para rir e para endossar esse comportamento, que é cruel e, antes de tudo, desumano.

Muitas pessoas com deficiência acabam aceitando comportamentos capacitistas para se sentirem incluídas. E até riem dessas piadas para se sentirem mais aceitas pelo meio. Isso, porém, não é sustentável. Não ajuda a pôr fim a um comportamento que atrapalha e fere nossos direitos.

E também não é "arte" ou "liberdade de expressão", como defendem os capacitistas acostumados com essa agressão. E também não adianta negar o capacitismo com a desculpa de que tem amigos com deficiência e que eles não se incomodam com as "piadas". Ter amigos e conhecidos com deficiência não libera a prática desse comportamento.

São muitas as situações que nos fazem cair nas armadilhas do capacitismo. Evitá-las é um esforço de aprendizado contínuo. Não há demérito algum em assumir que sempre teremos algo a acrescentar em nosso repertório a favor da inclusão. É um desenvolvimento que não termina nunca.

Se após todas essas informações você ainda não se reconhecer capacitista, talvez essa reflexão possa ajudar nesse processo para que a desconstrução possa começar a acontecer. Em um exercício bem rápido, repense: com quantas pessoas com deficiência você estudou? Quantas você chamou para sua festa? Por quantas pessoas com deficiência você já se apaixonou? Para quem não convive com a gente, essas possibilidades são ideias quase que remotas. Porque o capacitismo também é isso, a falta de convivência que gera dúvida constante sobre nossas capacidades.

O fato de sermos todos capacitistas é algo ainda imbuído na cultura da nossa sociedade. Por isso, ainda vemos forças políticas querendo, por exemplo, a volta das escolas especiais, que segregam a convivência e separam as pessoas com deficiência da sociedade. Entretanto, o movimento deve ser exatamente o contrário. Precisamos ser vistos, reconhecidos e valorizados por quem somos. Essa atitude abre espaço para a inclusão.

É urgente compreender o capacitismo pela ótica do todo e contribuir de maneira generosa e justa para a conscientização e letramento dos que procuram agir com justiça e com humanidade.

Muito além dos rótulos

Quantas vezes você conversou com a pessoa com deficiência que você conhece sobre a deficiência dela e sobre como ela se sente sendo uma pessoa com deficiência na sociedade?

Precisamos cada vez mais assumir que somos capacitistas em desconstrução para iniciarmos uma reconstrução das nossas crenças. Vamos "construir" uma nova cultura para substituir uma base malfeita e ultrapassada. Essa nova estrutura nos trará mais atenção para não aceitar a opressão, as teorias infundadas e a discriminação velada que desvaloriza a vida de qualquer ser humano.

A melhor forma de realizar essa reconstrução é buscar informação e conviver mais com as pessoas com deficiência. E esse "conviver" se dá com a deficiência fazendo parte da relação, sendo inclusive um assunto natural que ocorre no relacionamento. É capacitismo minimizar ou esconder a deficiência da pessoa. Dizer "Nem percebo sua deficiência", por exemplo, não é um elogio!

São esses os caminhos para o respeito genuíno. Respeito significa "olhar mais uma vez" antes de pensar, falar ou agir. Sair de vez do movimento de "fazer PARA a pessoa com deficiência" para "fazer COM a pessoa com deficiência". Na dúvida, siga a regra de ouro da inclusão: perguntar para nós, pessoas com deficiência, se precisamos de ajuda antes de tomar qualquer atitude e respeitar nosso consentimento. É falar sobre nós diretamente com a gente, sem intermediários.

Para ser uma pessoa anticapacitista convicta, é preciso lembrar todos os dias que o contrário de "eficiência" é "ineficiência" e não "deficiência".

ONDE ESTÃO?

4

Saiba onde estão as pessoas com deficiência do Brasil

"Pessoas que não são contabilizadas, não são percebidas, não são consideradas e não são incluídas!"
Carolina Ignarra

Há um ditado que diz que contra fatos não há argumentos. Essa máxima é reforçada no cenário geral em que um dos bens mais valiosos que temos é a informação. Decisões, ações, políticas são cada vez mais orientadas por análises de dados, muitas delas fundamentadas pelo uso intensivo de tecnologia. Portanto, também podemos dizer que contra dados não há argumentos.

Mas é preciso ressaltar que a qualidade dos dados é fundamental para que eles sejam a base de caminhos bem construídos. E não só isso. Não adianta ter bons dados se eles são analisados de forma precária ou enviesada e, no caso dos dados das pessoas com deficiência, de forma capacitista. A inteligência na apreciação da informação é o grande diferencial.

Para corroborar essas considerações, vale lembrar ainda uma fala que circula em relação às esta-

> **A falta de dados precisos traduz a falta de importância e de valorização em relação à população com deficiência, e evidencia os atrasos da sociedade brasileira**

tísticas: se você "espreme" os números, eles entregam o que quiser. Aqui, o alerta é contra interpretações tendenciosas dos dados, de acordo com o que se quer provar.

Levando essa discussão para o universo das pessoas com deficiência no Brasil, o que chama muito a atenção é a discrepância entre alguns dados existentes sobre essa nossa população, o que só colabora com o aumento das barreiras para a inclusão.

De acordo com os dados de 2011 da Organização Mundial da Saúde (OMS), há 1 bilhão de pessoas no mundo com alguma deficiência. No Brasil, o Censo de 2010 — o último realizado e divulgado — contabiliza 45 milhões de brasileiros com deficiência, os quais correspondiam à época a um quarto, ou 25%, da população do país.

Porém, um levantamento do Instituto Brasileiro de Geografia e Estatística (IBGE) apontou que 8,4% da população brasileira com idades acima dos dois anos têm algum tipo de deficiência. Esse percentual nos leva a um contingente de 17,3 milhões de pessoas, das quais 49,4% têm mais de 60 anos. Essa apuração faz parte da Pesquisa Nacional de Saúde (PNS) de 2019.

Diante dessas duas fontes oficiais de informação no país, chegamos a uma conclusão bem direta: os números não batem. Essa falta de dados precisos traduz a falta de importância e de valorização em relação à população com deficiência, e evidencia os atrasos da sociedade brasileira.

As estatísticas são fundamentais para que se possa planejar e implementar as políticas que vão nos garantir mais direitos e desenvolvimento na sociedade.

Essa fragilidade dos números retrata a fragilidade de aspectos da vida real e cotidiana da população com deficiência. Isso nos leva a acreditar que faltam critérios consistentes para uma contagem segura da população brasileira com deficiência, e isso, por si só, é mais uma barreira para a nossa visibilidade.

Para ajudar a identificar as barreiras que impedem a inclusão, Romeu Sassaki — professor, escritor e doutor honoris causa da Universidade Federal do Rio Grande do Norte, reconhecido por seus mais de sessenta anos dedicados à defesa dos direitos e à promoção da inclusão das pessoas com deficiência no Brasil (e também tradutor oficial para a língua portuguesa da Convenção sobre os Direitos das Pessoas com Deficiência (CDPD) e de inúmeros outros documentos referentes às pessoas com deficiência produzidos pela ONU) — as classifica em oito dimensões de acessibilidade, que podem ser de origem arquitetônica, comunicacional, metodológica, instrumental (ferramentas e utensílios que impedem ou dificultam o seu uso pelas pessoas com deficiência), programática, atitudinal, digital e natural.

Na hierarquia desses obstáculos, são as barreiras atitudinais que acabam sustentando as demais. As atitudes com relação às pessoas com deficiência permeiam os pilares de construção social, os familiares, de saúde, de educação, do trabalho.

Quando perguntamos onde estão as pessoas com deficiência, na verdade abrimos um leque de interpretações para a indagação. A conclusão de que os próprios responsáveis por nos mapear não chegam a um acordo minimamente razoável sobre a soma do nosso contingente escancara o despreparo geral para reconhecer, considerar, conviver, respeitar e nos incluir.

Essa imprecisão de dados aponta um capacitismo silencioso em defender a "invisibilidade" das pessoas com deficiência. Quem não é contabilizado também não é percebido. Mas nós existimos, apesar da cultura em favor da nossa inexistência.

Nesse debate, voltamos ao ajuizamento dos números. Dados de 2019 do Ministério do Trabalho e Previdência apontam que 46,98% das empresas no Brasil ainda não cumprem a Lei de Cotas (já a mencionamos no Capítulo 2, mas vamos falar dela em detalhes no Capítulo 6). Ao considerarmos que quase metade das corporações no país simplesmente não obedece a uma determinação legal sobre as ofertas de vagas para os profissionais com deficiência, cabe-nos refletir sobre como tem-se dado a nossa inserção não compulsória no mercado de trabalho.

A Base está na educação

Para entendermos as dificuldades desse desenrolamento, convém voltarmos algumas casas para examinarmos as condições de acolhimento de crianças e adolescentes com deficiência na educação de base do país. Nessa esfera, são de muitas origens os empecilhos encontrados por alunos com deficiência. Entre eles, a ausência de equipamentos adaptados nas escolas, a metodologia pedagógica inacessível, a falta de preparo dos profissionais para lidar com demandas específicas de alunos com diversos tipos de deficiências e até mesmo a falta da professora ou professor auxiliar preparada/o para apoiar alunos com deficiência, como rege a lei.

O artigo 27 da Lei Brasileira de Inclusão da Pessoa com Deficiência (lei nº 13.146/2015), por sinal, estabelece que a educação é um direito da pessoa com deficiência e que a ela deve ser assegurado um sistema educacional inclusivo em todos os níveis de aprendizado, para que o seu desenvolvimento possa ser potencializado.

> **O artigo 27 da lei nº 13.146 estabelece que a educação é um direito da pessoa com deficiência**

No Anuário Brasileiro da Educação Básica de 2021, o capítulo sobre educação inclusiva agrupa a análise da inclusão de crianças e jovens de 4 a 17 anos com deficiência, transtornos de espectro autista e altas habilidades ou superdotação, admitindo que esse acompanhamento "é parcialmente contemplado por dois indicadores que, infelizmente, têm a limitação de abranger apenas quem já está na escola".

Feita essa ressalva, o anuário estabelece que, "ainda assim, os números evidenciam avanços importantes". Essa apreciação se refere, em primeiro lugar, à quase duplicação das matrículas desses alunos na Educação Básica em um período de dez anos, passando de 702,6 mil em 2010 para 1,3 milhão em 2020. "Ao mesmo tempo, a porcentagem de alunos matriculados em classes comuns aumentou de 68,9%, em 2010, para 88,1%, em 2020", complementa o texto da publicação.

Na sequência desses números positivos, o relatório retoma o tom menos otimista: "Porém, a análise das condições das escolas que possuem estudantes com deficiência, transtornos do espectro autista e altas habilidades ou superdotação mostra que há muito o que avançar: apenas 56,1% possuem banheiro adequado, por exemplo". Essa parcela é de 63,3% na zona urbana e de 31,2% na zona rural.

No entanto, para quantificar e qualificar a população com deficiência, é preciso estabelecer o que de fato é considerado deficiência. De acordo com a Lei Brasileira de Inclusão (lei nº 13.146/2015), em vigor desde 7 de julho de 2017, pessoas com deficiência são aquelas que têm impedimentos de longo prazo de natureza física, mental, intelectual ou sensorial, os quais, em interação com diversas barreiras, podem obstruir sua participação plena e efetiva na sociedade em igualdades de condições com as demais pessoas.

A inclusão ajuda os deficientes a serem mais vistos e mais percebidos pela sociedade

A partir desse entendimento, começamos a perceber que o capacitismo está onde as pessoas com deficiência estão: quando a família não aceita um diagnóstico, quando esse diagnóstico não é apresentado, quando prevalece o excesso de cuidado à pessoa com deficiência em detrimento do seu desenvolvimento na sociedade e quando a cadeira de rodas, a prótese etc. são mais importantes do que a nossa capacidade de aprender e executar tarefas no meio em que vivemos. Além disso, como já percebemos no início deste capítulo, o capacitismo aparece até mesmo quando não somos considerados na contagem da população.

A inclusão nos ajuda a sermos mais vistos, mais percebidos pela sociedade. Quando somos excluídos de atividades físicas na escola, por exemplo, perdemos a chance de integrar grupos e aprender sobre regras e trabalho em equipe, o que diminui nossas chances de desenvolver habilidades emocionais muito importantes, e, com isso, vamos ficando cada vez mais invisíveis aos olhos da sociedade.

A inclusão ideal precisa começar em casa e se firmar na escola. Alguns municípios no Brasil realizam esse trabalho de escola inclusiva, mas ele ainda é raro. Para avançar nesse tema, precisamos de educadoras/es capacitadas/os e ajudantes em sala de aula, além de reduzir as barreiras online que impedem a inclusão digital de alunas/os com deficiência. Assim, seremos mais respeitadas/os e mais percebidas/os por estatísticas.

A "invisibilidade" das pessoas com deficiência está associada à falta de entendimento sobre nós. É preciso quebrar as barreiras, entender que a deficiência não escolhe credo ou classe social. Portanto, não basta quebrar a barreira arquitetônica sem derrubar a barreira atitudinal, para que o resultado não seja apenas a adaptação do espaço físico. Até porque, adaptar não é criar acessibilidade, e, para um uma estrutura ser acessível, é preciso ser projetada e construída com a participação da pessoa com deficiência.

Por esses tantos motivos, os dados que dão conta do tamanho e da qualidade da população com deficiência no Brasil também podem apoiar e direcionar as ações de inclusão produtiva, que não apenas abrem oportunidades para aumentar a visibilidade, mas garantem nosso desenvolvimento e nossa participação efetiva na sociedade.

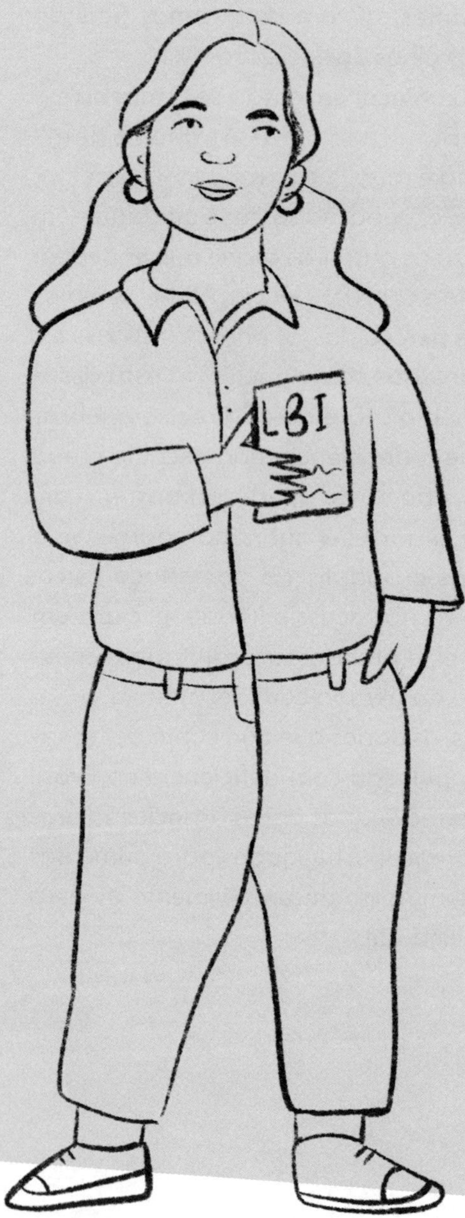
LBI

5

Conheça as leis e as ações afirmativas para pessoas com deficiência

"As leis são importantes para balizar o processo de inclusão, mas, enquanto a sociedade não olhar a inclusão por um prisma moral e cívico, seremos apenas números que evitam sanções legais."
Billy Saga

Leis e regulamentações sem dúvida são importantes para conquistar avanços em uma sociedade. Esses mecanismos, em tese, servem para consolidar e reforçar práticas que beneficiem a comunidade como um todo e favoreçam a qualidade de vida de seus indivíduos.

Mas a eficácia de uma legislação depende muito da conscientização das pessoas sobre a necessidade do que ela determina. O ideal é que uma lei faça parte de um amplo processo de construção cultural que vá ao encontro das demandas do ambiente que ela rege. Caso contrário, será um desserviço para a evolução do meio.

Assim, para que seja útil e transformadora de verdade, uma lei precisa ser incorporada pela população não apenas como uma obrigação a ser cumprida pelo temor a uma punição, uma multa. A determinação legal só faz sentido se as pessoas reconhecem sua validade ética e sua legitimidade enquanto instrumento de melhoria geral. E, com isso, não a obedeçam somente para evitar sanções punitivas. Inclusive para que possam ir além do obrigatório, adotando atitudes espontâneas no dia a dia que sigam a mesma direção das medidas legais e as potencializem naturalmente. Tudo isso, geralmente, acontece em etapas e requer atitudes e iniciativas em muitas frentes ao mesmo tempo.

No Brasil, um grande marco em relação aos direitos das pessoas com deficiência foi a promulgação da Lei Brasileira de Inclusão (LBI), nº 13.146, de 6 de julho de 2015. Também conhecida como Estatuto da Pessoa com Deficiência, ela foi inspirada na Convenção sobre os Direitos das Pessoas com Deficiência da ONU, e abrangeu uma série de aspectos fundamentais para alcançarmos formas de convívio mais justas com essa população.

Uma das grandes contribuições da LBI foi a mudança de perspectiva a respeito das deficiências, que passam a ser consideradas como uma integração entre questões médicas e sociais e não apenas um problema de uma ou da outra natureza. Sob esse viés, o meio deve promover acessos e oportunidades às pessoas com deficiência, com o objetivo de reduzir as dificuldades consequentes das características desses indivíduos.

Nesse sentido, outro avanço importante em nosso país em relação à inclusão das pessoas com deficiência foi a Lei de Cotas, de 1991, sobre a qual vamos tratar melhor no próximo capítulo. Ela estabelece que empresas com cem ou mais colaboradores são obrigadas a destinar um percentual de seus cargos a essa população. Portanto, a Lei de Cotas, sem dúvida, é uma das ações afirmativas mais importantes para abrir nossos caminhos no mundo do trabalho. Significa um grande avanço, ainda que quase metade das empresas não a cumpra.

No que diz respeito às leis que visam a qualidade de vida das pessoas com deficiência, o Brasil está muito bem servido. A LBI reuniu todos os direitos até então conquistados por nós, abrangendo-se para contextos de trabalho, educação, saúde e informação, entre outros.

Sendo assim, por que, então, não vivemos em uma sociedade percebida como justa pelas pessoas com deficiência? Por que são tantos os problemas enfrentados por nós quando consideramos nossos processos de inclusão?

Para entender melhor por onde passam essas dificuldades, precisamos voltar ao ponto da conscientização. Na medida em que uma lei precisa de um cerco rígido de fiscalização para efetivamente funcionar, algo está errado. Para incluir, não basta cumprir a lei. Não basta apenas nos contratar. Não queremos estar presentes por imposição. Queremos usufruir de um espaço e convivência que também são nossos por direito. É preciso quebrar a barreira atitudinal e estar disposto a promover a quebra dos empecilhos que atrapalham a inclusão. Mas essa "luta" deve ser sempre contra as barreiras e nunca contra as pessoas, porque precisamos de pessoas aliadas em nossos esforços para vencer os obstáculos.

> **Para que seja útil e transformadora de verdade, uma lei precisa ser incorporada pela população não apenas como uma obrigação a ser cumprida pelo temor a uma punição**

O papel do indivíduo

Dessa maneira, tão ou mais importantes que as leis, são as ações afirmativas. Elas colaboram com a inclusão e são ferramentas fundamentais para alcançar a equidade. E têm ainda mais valor porque tornam as regras mais justas. Por isso, as ações afirmativas não são ações solidárias. Elas são exercícios de convivência, que é a melhor forma de equilibrar nossa participação na sociedade. Conviver é aprender, é conhecer. Porque, na verdade, a exclusão causa uma solidão traumática para quem é apontado como "diferente". Somos, por muitas vezes, confinados e rejeitados por não sermos iguais. Entretanto, também queremos e merecemos o protagonismo.

Nesse processo, as redes sociais têm tido um papel fundamental para nos ajudar a sermos mais vistos, mais reconhecidos, mais representados. Cabe aí uma reflexão: quantas pessoas com deficiência você segue atualmente nas redes sociais?

Saiba que essa é uma ação muito afirmativa que, além de proporcionar mais conhecimento e consequentemente gerar empatia, permite equalizar e integrar os mundos das próprias pessoas com deficiência de realidades distintas de vida e também os das pessoas sem deficiência.

Vernā Myers, diretora de Diversidade e Inclusão da Netflix, nos Estados Unidos, é a autora da famosa expressão que diz: "diversidade é chamar para a festa, inclusão é convidar para dançar". Essa é uma das mensagens mais importantes sobre inclusão. Não queremos assistir da plateia, queremos estar no palco, receber aplausos, participar.

> **Tão ou mais importantes que as leis são as ações afirmativas**

A inclusão precisa ser feita com verdade, diferentemente daquilo que chamamos de "tokenismo", ou seja, uma pessoa é escolhida para representar todo um grupo, só para que a empresa ou instituição "pareça inclusiva". A expressão vem da palavra *token*, que em inglês quer dizer "símbolo". Martin Luther King foi o primeiro a utilizar o termo ao se referir ao racismo, em um artigo que assinou com o seguinte trecho: "A noção de que a integração por meio de *tokens* vai satisfazer as pessoas é uma ilusão. O negro de hoje tem uma noção nova de quem é".

Sabe aquelas teorias infundadas que já não "colam" mais, como dizer que não é preconceituoso porque tem amigos com deficiência? Que não é racista porque tem amigos negros? Quem usa esses argumentos ultrapassados de fato convive com essas pessoas, ou apenas as usa como escudos para se dizer inclusivo?

Por isso, cada vez mais buscamos a inclusão produtiva, que sai da superficialidade e atua de verdade na colaboração para o desenvolvimento, o crescimento e o acesso a oportunidades e benefícios, tanto na vida pessoal quanto dentro das empresas.

São as ações afirmativas que determinam a real intenção da inclusão, e isso vale para pessoas físicas e jurídicas. A começar por pequenas escolhas, que podem significar grandes ações afirmativas para aumentar a inclusão. Por exemplo: ter pessoas com deficiência como fornecedores de produtos ou serviços para sua empresa e para sua casa.

Essa cultura de raciocinar e agir como uma "ponte" para a inclusão faz refletir sobre o que de fato estamos fazendo pela melhoria da inclusão da pessoa com deficiência. Além das políticas públicas e da ação intencional das empresas, ser inclusivo também precisa ser uma conduta pessoal.

Essa cultura de raciocinar e agir como uma "ponte" para a inclusão faz refletir sobre o que de fato estamos fazendo pela melhoria da inclusão da pessoa com deficiência

A inclusão é a forma como você olha, reage e interfere no seu entorno. Certa vez, um executivo negro de uma grande empresa do setor financeiro queria ajudar uma pessoa com deficiência — sem uma das pernas — que pedia esmolas todos os dias no mesmo local, no caminho que ele fazia para chegar em casa. Incomodado por ver todos os dias dessa pessoa serem iguais e sem perspectivas, o executivo sentia que precisava ajudar a transformar aquela realidade, mas não sabia como começar.

"Você só vai entender do que ele precisa se perguntar", dissemos ao nosso cliente. Era preciso entender o que e como a pessoa queria, e ele seguiu o conselho. Durante a conversa com aquele — até então — "pedinte", esse executivo descobriu que ele queria, sim, uma ajuda: sair da rua, buscar uma vida melhor e uma oportunidade de estudo.

Conseguimos doação de computador, mesa e cadeira, e o executivo arrumou um professor particular para o rapaz com deficiência. Buscou e patrocinou uma prótese moderna, de excelente qualidade e feita sob medida para ele. Hoje, ele não pede mais esmolas, trabalha como entregador de refeições por aplicativo e faz suas entregas de bicicleta. Tudo isso porque, a partir de um incômodo, o executivo reagiu com ação e não com reclamação.

Nem todo mundo pede esmolas porque quer. Nem todo mundo está na rua porque quer. Precisamos nos livrar dos rótulos e convenções para conseguir oferecer ajuda. Senão, corremos o risco de cometer absurdos, como o de atravessar uma pessoa cega parada na esquina sem que ela tenha pedido ou empurrar a cadeira de rodas sem a pessoa sentada ter solicitado, e tantas outras atitudes capacitistas que oprimem e desrespeitam a vontade de uma pessoa com deficiência.

O fato é que as ações afirmativas nem sempre vão trazer resultados imediatos, exigem coragem e determinação, mas também podem beneficiar muito mais vidas do que se imaginava originalmente. A própria Lei de Cotas é um bom exemplo disso, uma vez que não tem um fim apenas social, gerando impacto inclusive na economia. Nesse sentido, vale lembrar que pessoas com deficiência empregadas também têm seu poder de consumo aumentado e atuante na economia do país.

Outro exemplo é o aumento da longevidade no Brasil. Estamos vivendo mais. Segundo o IBGE, já passamos dos 54,8 milhões de brasileiros com mais de 50 anos, e, de acordo com o site Longevidade, a cada 21 segundos o país ganha mais um brasileiro cinquentão. A perspectiva é que, em 2043, um quarto da população deva ter mais de 60 anos. Portanto, atuar para o aumento da acessibilidade não beneficia apenas pessoas com deficiência, mas, no futuro bem próximo, teremos mais pessoas idosas, com mobilidade reduzida, que também usufruirão de ruas, calçadas, estabelecimentos e estruturas mais acessíveis.

Em nossas experiências de locomoção, entendemos que ser acessível é muito mais fácil do que o contrário. Onde passa alguém de cadeira de rodas passa qualquer um, e ser inclusivo é sempre encontrar as melhores formas de fazer as mesmas coisas. Por exemplo, quando um professor se dedica a ensinar e dar aula para alguém que tem Transtorno de Déficit de Atenção e Hiperatividade (TDAH), a aula será útil e boa para todos os demais e não apenas para aquele aluno. O verdadeiro desafio da inclusão é que ela aconteça de forma natural, sem a imposição da lei. Que ela aconteça porque é o justo a se fazer e porque a diversidade traz inúmeros benefícios para a convivência e para a sociedade como um todo. Porque a inclusão requer, antes de tudo, um empoderamento de atitude. É agir antes de reagir. Isso é inclusão!

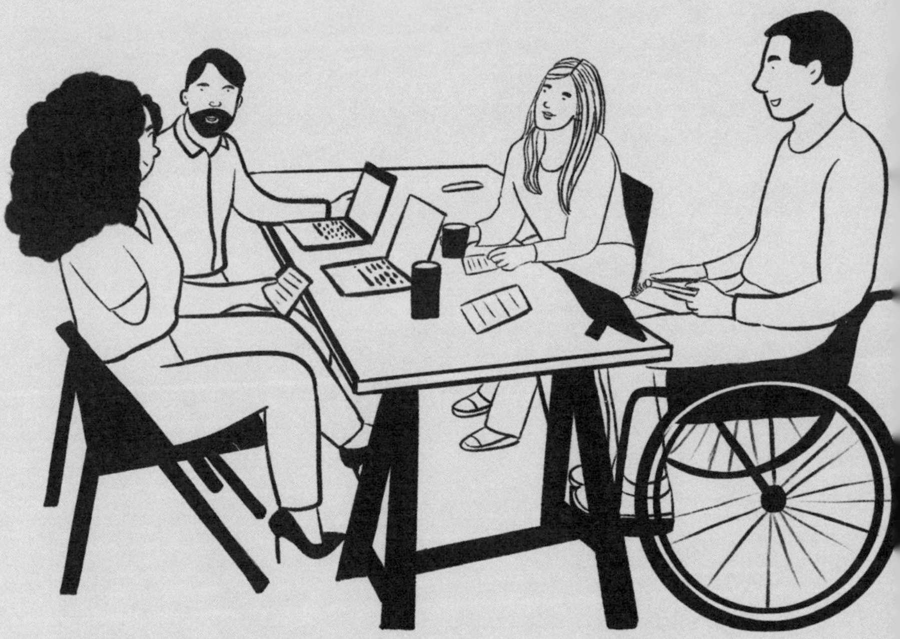

6

Faça valer a Lei de Cotas

"A Lei de Cotas é uma medida transitória de equidade para transformar uma realidade de desigualdade social."
Carolina Ignarra

A Lei de Cotas é, na verdade, a lei nº 8.213 de 1991, Lei da Previdência que, em seu artigo 93, estabelece que as empresas com cem ou mais empregados são obrigadas a destinar de 2% a 5% de seus postos de trabalho para pessoas com deficiência. Essa legislação requereu diretrizes para a fiscalização de seu cumprimento até 1999, quando o decreto 3.298 deu nortes para a realização das vistorias. Porém, apenas em 2004, a partir do decreto 5.296, que definiu os tipos de deficiências que enquadram na Lei de Cotas, a fiscalização de fato começou a ser efetiva.

São duas as frentes em que se dá essa fiscalização: uma delas é o Ministério do Trabalho e Previdência; a outra refere-se às Superintendências Regionais do Trabalho. Temos o conhecimento de que os auditores fiscais que realizam esse trabalho são bem-organizados e fazem o possível para averiguar se as empresas estão obedecendo às determinações legais sobre as cotas.

Percebemos, inclusive, que esses profissionais desenvolveram protocolos, que vão além do que estabelece a legislação, para otimizar sua atuação. Definem rotinas de advertir empresas, considerando as exigências legais e equilibrando com as possibilidades de inclusão com qualidade, e dão às empresas um prazo de cerca de dois anos para se adequarem. A partir desse tempo, passam a aplicar multas. É um processo que leva em consideração as dificuldades do sistema como um todo para se adaptar, inclusive as atitudinais e de conscientização das lideranças e pessoas das companhias.

É inegável que a quantidade de fiscais é insuficiente. Contudo, não cabe responsabilizá-los por essa dificuldade, afinal, eles fazem o que podem. O ideal, portanto, seria termos equipes mais numerosas para efetivar a fiscalização das empresas. Ao passo que às empresas falta ainda aumentar e consolidar a cultura da inclusão. Isso porque a contratação de uma pessoa com deficiência não pode ser tomada apenas como uma ação que tem por objetivo evitar uma multa ou punição. Contratar uma pessoa com deficiência é trabalhar pela diversidade.

A Lei de Cotas não é um privilégio. Ela busca transformar aos poucos o conjunto de valores e crenças de todo o mercado de trabalho em prol de uma sociedade mais justa para todos. Quando falamos "aos poucos", estamos sendo realistas. Pois há quem acredite que ainda serão necessárias mais quatro décadas de cumprimento da Lei de Cotas para atingirmos uma situação mais favorável e equilibrada na geração de oportunidades de trabalho para

Contratar uma pessoa com deficiência é trabalhar pela diversidade

as pessoas com deficiência. As estatísticas também corroboram essa previsão: de acordo com o Relatório Anual de Informações Sociais (RAIS) de 2019, 53% das empresas no Brasil cumprem a Lei de Cotas — pela nossa experiência pessoal, consideramos esse número superestimado.

O fato é que passamos por uma fase de transição. À medida que aumenta a quantidade de pessoas com deficiência nas empresas, diminui a necessidade de utilizar artifícios legais para que nós tenhamos oportunidades justas de ocupar cargos e desempenhar funções nas corporações.

Em contrapartida, atualmente, nos ambientes corporativos, ainda enfrentamos o ranço de mais um rótulo capacitista que nos precede: somos "os cotistas". Vale ressaltar que não estamos ali simplesmente para cravar nosso potencial na realização de um trabalho. Nossa régua ainda é outra. Porém, a forma como somos vistos oscila entre coitadinhos e protagonistas de uma história de superação.

Muitos que nos delegam tarefas profissionais nas empresas observam nossos resultados através da lente da rotulação. Se desempenhamos bem, nos níveis de excelência exigidos como padrão, somos vistos como super-heróis. Se erramos ou não atingimos alguma meta, como acontece com qualquer pessoa, com ou sem deficiência, recebemos olhares de condescendência, como se conosco a cobrança estivesse também balizada pela tarja de "incapaz".

Apesar disso, a presença das pessoas com deficiência nos locais de trabalho, mesmo que ainda insuficiente, faz mudar as perspectivas de inclusão nos próprios contextos das atividades exercidas pelas empresas que as contratam. Um jornalista com deficiência, por exemplo, estará muito mais propenso a produzir matérias que tratem de questões ligadas ao cotidiano dessa população. Uma empresa com pessoas com deficiência em seus quadros tem muito mais chances de mostrar aspectos característicos das vidas delas em uma campanha publicitária da sua marca.

Algo assim aconteceu em uma grande empresa brasileira de cosméticos e perfumes, que em uma campanha de Natal produziu um vídeo que apresentava um garoto surdo participando de um coral de crianças. No ano seguinte, lançou uma campanha de Dia dos Pais também mostrando uma filha surda com implante coclear. Depois, soubemos que uma pessoa com deficiência auditiva trabalhava no marketing dessa empresa. Certamente ela ou a presença dela influenciou a condução da campanha.

É muito significativo para nós, pessoas com deficiência, nos vermos em comerciais, nos vermos representadas positivamente, como consumidoras. Isso mostra para a sociedade que existimos, nos tira da invisibilidade.

Esse tipo de transformação precisa ser transversal. Isto é, atravessar diferentes áreas das organizações, a partir de muitos lados, mas principalmente das lideranças. Pois é pela capacitação e mobilização dos líderes que passa e se fortalece a inclusão das pessoas com deficiência nas empresas. É preciso avançar horizontalmente entre departamentos, claro, de cima para baixo, a partir dos exemplos de quem comanda. Assim, é possível estabelecer uma mudança cultural que, com o tempo, torne o processo mais orgânico e natural.

Diante desses desafios, as empresas cometem algumas falhas "clássicas" em seus processos de inclusão. Algumas delas são:

- Continuam deixando o tema "Diversidade, Equidade e Inclusão" sob a responsabilidade de apenas uma pessoa ou uma área específica. O processo de inclusão é coletivo e deve ocorrer por toda a empresa;
- Gestores/as não acompanham e não assumem a responsabilidade pelo desenvolvimento individual de profissionais com deficiência em suas equipes;
- Processos seletivos de profissionais com deficiência são feitos a partir do mesmo modelo de seleção de pessoas sem deficiência;
- Recrutadores/as e gestores/as, por capacitismo, ainda buscam pretextos para não contratarem pessoas com deficiência para suas equipes;
- Recrutadores/as não se comunicam e nem se aproximam de pessoas com deficiência para buscar bancos de talentos especializados. Para contratar pessoas com deficiência, é preciso saber onde elas estão;
- Contratam pela deficiência e não pela capacidade do profissional;
- Escolhem a deficiência pela maior facilidade de inclusão, sem considerar perfil e habilidades;
- A Lei de Cotas faz as empresas contratarem as pessoas com deficiência por obrigação, o que faz da inclusão um processo que acontece por conveniência. Porém, sabemos que a inclusão só ocorre de fato quando a empresa a realiza por convicção.

Com relação à Lei de Cotas, sua importância é inegável para os avanços já obtidos nas contratações de pessoas com deficiência. O que não anula lacunas que ainda existem, inclusive no próprio teor da legislação. Ela define parâmetros quantitativos para a destinação de vagas, mas muitas das barreiras enfrentadas pelos profissionais com deficiência dizem respeito à qualidade das oportunidades que lhes são oferecidas. Muitas vezes não são posições que de fato permitem a essas pessoas explorar e desenvolver seus potenciais.

Além disso, faltam métricas para acompanhar a evolução das trajetórias das pessoas com deficiência nas empresas. Muitas ficam estagnadas nos mesmos cargos durante anos, sem serem contempladas com promoções, desprovidas de planos de carreira que lhes permitam progredir rumo a níveis mais elevados de realização profissional.

Ou seja, o problema, assim, não cessa com a contratação. Ele ganha outros contornos depois, que são até mais graves que o da não disponibilização de uma vaga. É preciso dar atenção, portanto, ao que acontece com a pessoa com deficiência depois que ela entra na empresa, a que padrões de acessibilidade ela vai encontrar no ambiente organizacional, não só em relação a equipamentos e estrutura física, mas em aspectos comportamentais, atitudinais, culturais e emocionais.

É muito significativo para nós, pessoas com deficiência, nos vermos em comerciais, nos vermos representadas positivamente, como consumidoras. Isso mostra para a sociedade que existimos

A inclusão é um processo que humaniza a empresa, e essa tem sido uma demanda explícita da sociedade, porque é necessária para manter contratos, clientes etc. Vai além de evitar multas e buscar melhorar a organização como empresa cidadã. Além de todos os benefícios, o trabalho também é o caminho mais rápido para mudar os rótulos que carregamos. Por isso, contratar pessoas com deficiência é atuar para a diversidade; promovê-las é atuar para a inclusão.

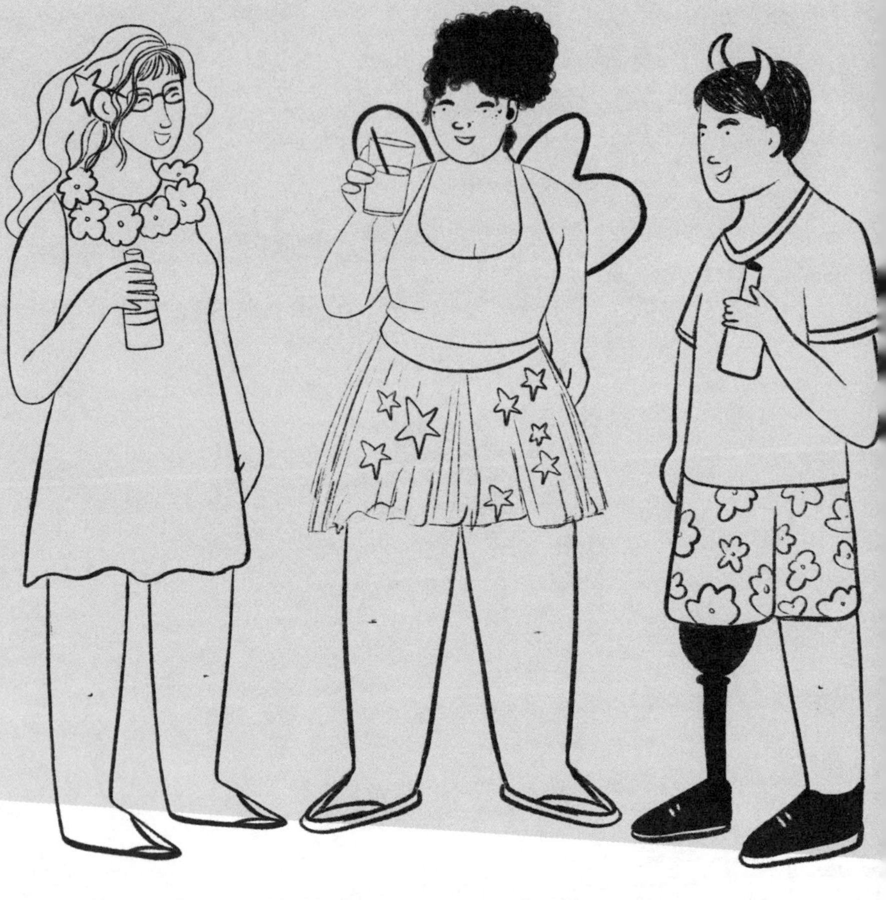

7

Naturalize a pessoa com deficiência

"Eu preciso me desvincular da minha deficiência, normalizá-la, para me provar eficiente e ser aceito pela sociedade? A resposta é não. Precisamos, sim, é naturalizá-la para sermos de fato quem somos."
Billy Saga

A necessidade de pertencimento a grupos é uma das características determinantes do comportamento humano — e de outras espécies também. É um aspecto profundamente relacionado à construção de identidade e geralmente requer contínuos movimentos em busca do equilíbrio entre convicções pessoais e adesão a valores do meio em que se vive.

É nessa dinâmica que surgem padrões e atitudes "de manada", na procura por tribos que compartilhem dos mesmos referenciais e percepções de mundo. Mas é preciso sempre ter o cuidado de não diluir a própria verdade em troca da aceitação por parte da comunidade.

Iniciamos esse processo a partir do modelo médico, que está sendo superado pelo modelo social de inclusão das pessoas com deficiência. O primeiro

> **A normalização é uma forma de capacitismo estrutural que nos faz, por exemplo, aceitar a falta de acessibilidade em todas as suas esferas para não parecermos "diferentes"**

lida com a inclusão pela busca do "ser igual". A medicina se propõe a fazer de tudo para "eliminar" a deficiência. Esse modelo impõe condições que prejudicam nosso convívio social e nosso desenvolvimento pessoal, caso de inúmeras intervenções cirúrgicas com longos períodos de internação e treinamentos para minimizar as deficiências, como mancar o mínimo possível e enxergar o máximo que puder, entre outros tantos exemplos de ações inconclusivas e desnecessárias que nada fazem além de excluir a pessoa com deficiência de seu meio e alimentar falsas esperanças com o aumento de frustrações e do desgaste físico e mental a que somos submetidos.

O modelo médico impõe a "normalização da deficiência", que ocorre quando nos esforçamos para que as deficiências não sejam percebidas, porque se acredita que, quanto menos elas ficarem aparentes, mais facilmente seremos incluídos e aceitos pela sociedade.

A normalização é uma forma de capacitismo estrutural que nos faz, por exemplo, aceitar a falta de acessibilidade em todas as suas esferas para não parecermos "diferentes". É aceitar usar um banheiro que não tem a mínima estrutura para uma pessoa cadeirante, é aceitar um cardápio no restaurante que não esteja em braile ou em áudio para que uma pessoa com deficiência visual possa entendê-lo. Tolerar a falta de legenda e/ou de intérprete para a pessoa com deficiência auditiva. Enfim, é aceitar viver sem independência e autonomia não por causa da deficiência, mas por conta do capacitismo que nos impede de vivenciarmos e desfrutarmos das mesmas experiências das pessoas sem deficiências.

Esses são dilemas que costumam impactar profundamente o dia a dia da pessoa com deficiência. Nós vivemos todo o tempo sob o desafio do pertencimento. Para nos inserirmos na sociedade e sermos aceitos por ela, muitas vezes minimizamos os nossos enfrentamentos diários e até tentamos escondê-los para sermos vistos como capazes. Como se nossas conquistas se dessem sempre sob a vigilância do "apesar de": "apesar de ser uma pessoa com deficiência, ela é competente".

Em certa medida, trata-se de uma forma de negação de nós mesmos e de autocapacitismo. Muitas vezes, esse mecanismo é inconsciente. Isso acontece porque, se a sociedade em grande parte acaba funcionando com base em padrões, nós quase que instintivamente buscamos nos adaptar a eles, escondendo ou amenizando nossas deficiências em troca de aceitação.

É um posicionamento enganoso e que cobra o seu preço emocional. Essa normalização é a recusa do diferente e do espaço que lhe é legítimo. Quando queremos provar nosso valor apesar da deficiência, é como se assumíssemos que ela não pode ser incorporada ao processo de desenvolvimento de nosso potencial, como se a deficiência tivesse que ser apartada, "desligada" de nossa plenitude, especialmente nos momentos em que mais temos que nos mostrar.

Só que a plenitude de nossa história e de nossa capacidade inclui todas as características que definem nossa existência. Nossa integridade se estabelece a partir de todos os componentes de nosso jeito de ser. Não cabe falar em "apesar de". Fazer essa ressalva é cruel, porque tenta mascarar uma condição que é fundamental em nossa formação e mesmo para o entendimento dos nossos caminhos de existir.

Assim, quando não assumimos totalmente todos os aspectos que nos caracterizam, estamos vivendo uma irrealidade. A normalização é uma forma de se sujeitar à opressão que o meio nos impõe, significa nos adequarmos a uma estrutura que não nos considera. Ou seja, se não somos percebidos com nossas deficiências, não seremos atendidos. Portanto, é preciso coragem e muita determinação para transformar.

Quando chegamos a um restaurante que não oferece as condições adequadas de acessibilidade para pessoas com deficiência e tentamos nos adaptar à situação como se ser inacessível fosse correto, estamos em alguma medida reforçando um comportamento social de exclusão. Se, como pessoas cadeirantes, aceitamos "de boa" ser carregados quando não há uma rampa de acesso e não exigimos essa estrutura como algo que nos é de direito e não uma ajuda ou um favor ligado à boa vontade do dono do lugar, estamos passando a mensagem de que está tudo bem, quando falta o que é básico para nós.

Não, não está tudo bem. E não há nada de coitadismo em dizer isso. Afinal, em que medida uma pessoa com deficiência precisa parecer "normal" para ser incluída? O quanto temos que negar de nós para sermos aceitos?

Quem não passa pelos nossos desafios não imagina as dificuldades que enfrentamos. Não sabem por que estamos sempre querendo fazer tudo na velocidade e no tempo dos outros e não no nosso tempo. É comum escondermos nossas dificuldades para não "incomodar" ninguém.

A verdade é que deveríamos conseguir transitar com autonomia em qualquer lugar, mas não é o que acontece. Primeiro precisamos saber se o local tem acessibilidade, desde a rampa de entrada nas medidas corretas, o tamanho do vão da porta para passagem da cadeira de rodas, até o sanitário acessível etc. Ainda assim, quando a acessibilidade não é uma convicção, encontramos adaptações realizadas por pessoas que não conhecem nossas limitações e possibilidades.

Os valores são tão invertidos que, quando um local tem acessibilidade, ressaltamos esse aspecto, indicamos o lugar. Mas deveria ser exatamente o contrário! A acessibilidade não deveria ser a exceção e, sim, a regra.

O que precisamos fazer a sociedade entender é que nossas deficiências não nos aprisionam, porque esse pensamento faz com que nossas deficiências cheguem antes de nós mesmos. Normalizar é se adequar a uma estrutura que não existe! Mas, como podemos "converter" essa sociedade para a inclusão?

Esse ainda é um processo solitário. Cada pessoa com deficiência vive essas etapas de sua forma, aceitando ou não normalizando. O fato é que qualquer um, ao longo de sua vida, pode se tornar uma pessoa com deficiência. Diante disso, a acessibilidade em todas as suas esferas é uma realidade mais que urgente e que vai diminuir os

Quando não assumimos todos os aspectos que nos caracterizam, estamos vivendo uma irrealidade. A normalização é uma forma de se sujeitar à opressão que o meio nos impõe

obstáculos para a inclusão. É pensar de fato no todo. Acessibilidade e inclusão são causas coletivas.

A palavra é naturalização

Para isso, podemos nos basear pelo "modelo social", aquele que defende a inclusão por meio da "naturalização", o oposto à normalização. É quando somos incluídos pela sociedade com nossas deficiências, sem escondê-las, para que possamos ser quem somos de fato. Trata-se de valorizar as diferenças.

No que se refere à representatividade, por exemplo, na impossível comparação com os demais marcadores da sociedade, nós, pessoas com deficiência, temos ainda mais sede dessa conquista. Porque o que move essa vital representação dos grupos por toda a camada da sociedade tem a ver com o "orgulho de ser". Em outros marcadores sociais temos o "Orgulho LGBTQIAP+" e o "Movimento Negro", entre tantos outros que estimulam esse orgulho por ser quem se é. Ele que inflama o debate, convoca aliados, aumenta essa tão desejada representatividade, as conquistas de direitos. Como despertar esse orgulho em ser uma pessoa com deficiência? A resposta está na jornada. Ela será a grande responsável por promover esse orgulho. Precisamos conviver com todo mundo. Ser vistos, ouvidos, lembrados, considerados e valorizados por nossas trajetórias.

> **Não precisamos nos orgulhar de ter uma deficiência, mas, sim, de sermos quem somos, com tudo o que conquistamos em nossa jornada e com as nossas deficiências fazendo parte**

Não precisamos nos orgulhar de ter uma deficiência, mas, sim, de sermos quem somos, com tudo o que conquistamos em nossa jornada e com as nossas deficiências fazendo parte.

Para evoluirmos nessas conquistas, necessitamos muito de pessoas aliadas. O papel de uma pessoa aliada vai além daquelas que são apenas simpatizantes. Pessoas aliadas participam. São aquelas que insistem na transformação, que não apoiam piadas e brincadeiras que discriminam e excluem. É assim que vamos ajudar a transformar e conscientizar a sociedade sobre nossas demandas. Quando as pessoas têm acesso às informações, elas se aproximam, se engajam e reagem contra o preconceito de forma muito mais atenta, crítica e pressionando a mudança.

Os desafios podem se tornar mais leves se todos se juntarem para melhorar seu "nível de inclusividade". Isso significa que todos precisam fazer o papel de pessoa aliada, de quem exige. Na prática, é um comerciante colocar uma rampa com inclinação adequada em seu estabelecimento; uma empresa cobrar de seus fornecedores a necessidade de desenvolver programas de inclusão produtiva e um processo seletivo inclusivo, que seja acessível a todas e todos, com e sem deficiências.

Tem sido assim em relação ao racismo, à homofobia, transfobia, bifobia etc. São vários exemplos pelo mundo que têm mudado a realidade nos caminhos contra os comportamentos opressores. Nossa busca anticapacitista ainda está aquém. Precisamos buscar nossos espaços, sem adaptações, sem "puxadinho", sem quebra-galho e com toda acessibilidade que temos por direito. Precisamos ser consideradas e atuar na interrupção dessa tendência cruel do ser humano que insiste em conviver apenas com iguais — isso é excluir.

Por fim, é imprescindível para nossa evolução que nós, pessoas com deficiência, nos motivemos, para o fomento da nossa coragem, a tirar as nossas deficiências do armário, diminuir o peso que elas têm e trazê-las para esse jogo cada vez mais interativo, que não para de acontecer, o jogo da inclusão.

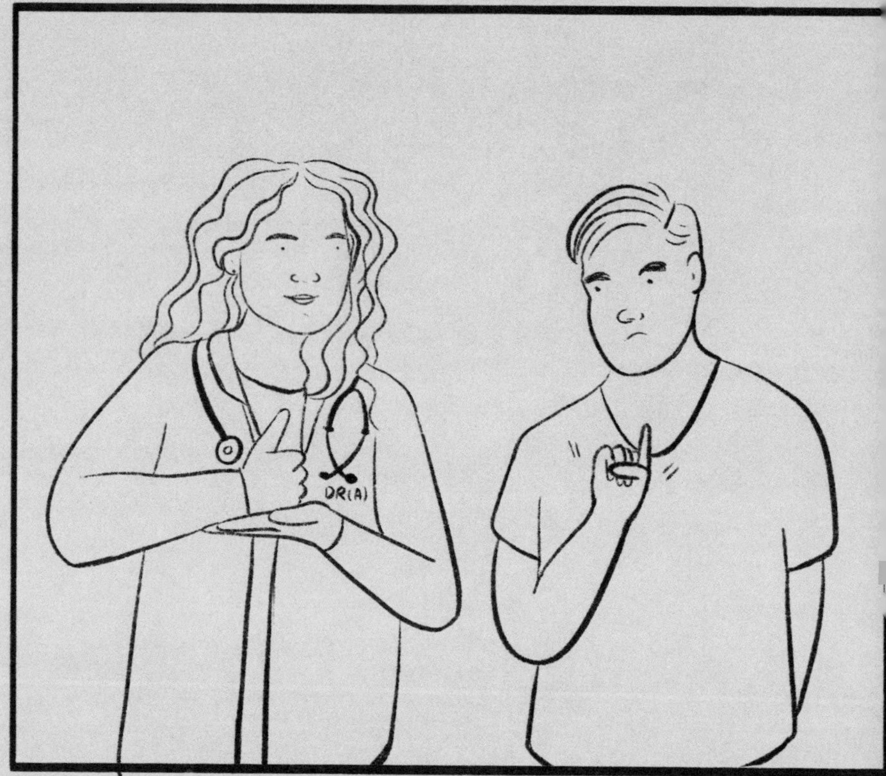
DR(A)

8

Promova a acessibilidade

"Acessibilidade é um direito e beneficia muitas pessoas, além das que têm deficiência. Precisamos falar sobre isso para sermos mais compreendidos. A exclusão é responsabilidade de todos."
Billy Saga

Quando se fala em barreiras para as pessoas com deficiência, o senso comum faz uma primeira associação às arquitetônicas. Isso acontece, provavelmente, porque essas são mais evidentes. Entretanto, ao pensarmos em capacitismo, precisamos nos lembrar das oito dimensões da acessibilidade, descritas pelo consultor em inclusão Romeu Sassaki.

A **arquitetônica** é uma delas. Porém, existem ainda outras sete, todas permeando esferas diversas de nossas vidas — a da família, a da educação, a do trabalho, a da saúde. Considere, por exemplo, um estudante com deficiência que chega a uma escola cuja arquitetura não contempla suas necessidades. Pode ser a falta de uma estrutura bem básica, como uma rampa para pessoas cadeirantes. Esse problema estrutural da edificação já é um obstáculo para que os alunos que usam cadeiras de rodas acessem as dependências escolares.

No entanto, as dificuldades não terminam aí, chegam a aspectos que vão além da configuração do espaço físico.

Assim, a falta de acessibilidade no âmbito educacional pode ser também **metodológica**. Se já existem incompatibilidades pedagógicas quando se trata de contemplar as demandas de alunos mais racionais ou mais sinestésicos, o debate ganha corpo quando o estendemos para a inclusão de estudantes com transtorno do espectro autista ou Síndrome de Down, por exemplo.

No universo do trabalho, a carência de metodologias inclusivas aparece em várias circunstâncias, como nos processos de recrutamento, seleção e avaliação de profissionais. Além disso, pessoas cadeirantes, como nós, se deparam com a ausência de metodologias que lhes sejam adequadas também no sistema de saúde. É muito comum não haver funcionários treinados para o procedimento de coleta de urina no caso de quem usa sonda para esvaziar a bexiga. Já houve ocasiões em que tivemos de aguardar cinco horas em um hospital até que houvesse um profissional habilitado para nos atender nesse tipo de operação.

Além de muitas dificuldades de acessibilidade no setor da saúde, nós, como pessoas com deficiência privilegiadas que somos, ainda enfrentamos gastos com equipamentos e medicamentos. Quem, como nós, utiliza sonda, além das medicações, fisioterapias etc., tem um custo mensal extra de aproximadamente R$ 2 mil. Isso significa que pessoas que não têm esse gasto têm R$ 24 mil a mais no ano para investirem na sua educação, entretenimento, cultura etc.

Outra das dimensões da acessibilidade é a **comunicacional**. É quando a falta de acessibilidade na comunicação exclui as pessoas com deficiência. Por exemplo, as telenovelas e seriados, verdadeiras paixões nacionais, ainda não contam com a devida acessibilidade. Também podemos citar nesse caso o exemplo real de uma exposição de arte que colocou plaquinhas com a descrição em braile das obras na altura do chão, obrigando as pessoas com deficiência visual a se agacharem para conseguir ler. Muito provavelmente instalaram essas placas sem consultar uma pessoa com deficiência visual. É por isso que sempre alertamos para o "nada sobre nós sem nós", lema das pessoas com deficiência instituído pela ONU. Isso porque a necessidade da pessoa com deficiência só é percebida completamente por ela mesma. Portanto, nós temos que participar do nosso processo de inclusão.

> A necessidade da pessoa com deficiência só é percebida completamente por ela mesma. Portanto, nós temos que participar do nosso processo de inclusão

Muitas vezes, as intenções até são boas. Porém, um projeto correto de viabilização da acessibilidade precisa contar com a nossa efetiva participação. Sem ela, surgem distorções como rampas inclinadas demais ou elevadores cujas portas não conseguimos abrir sem a ajuda de alguém, provadores para pessoas com deficiência se tornam o depósito da loja, assim como os banheiros. Sem contar quantas vezes somos impedidos de vivenciar experiências de entrar num bom hotel, restaurante etc. pela porta da frente. É comum a entrada acessível ser pelos fundos, porque muitos projetos não contemplam nosso acesso pela entrada principal.

O capacitismo pode se manifestar ainda pelas vias da acessibilidade **instrumental**, na falta de equipamentos e aparelhos que ajudem na inclusão das pessoas com deficiência. Há ocasiões em que determinado instrumento é disponibilizado para quem precisa dele, mas não é totalmente adequado para suprir as necessidades em questão. Conhecemos casos de pessoas amputadas que receberam próteses do sistema de saúde, mas acabaram deixando de usá-las porque elas lhes causavam ferimentos.

São muitas as circunstâncias em que a simples disponibilidade de um equipamento faz toda a diferença. E pode contornar um obstáculo relativo a outras das dimensões de acessibilidade listadas por Sassaki: a **natural**. Tratam-se de barreiras ligadas à geografia e às características da natureza de um lugar. Uma praia tem areia, o que dificulta o trânsito de pessoas cadeirantes pelo local. Esse deslocamento, contudo, pode acontecer com a utilização das chamadas cadeiras anfíbias, só que nem sempre estão disponíveis.

Outra dimensão da acessibilidade é a **digital,** que permite que qualquer pessoa possa aproveitar atividades, conteúdos ou produtos oferecidos nesse meio. Independentemente das limitações físico-motoras, com ou sem deficiência, idosos, pessoas de baixo letramento etc. Sites e todos os serviços online devem oferecer tecnologias assistivas que possibilitem o acesso de forma inclusiva, para que qualquer pessoa — com ou sem deficiência — possa utilizar: descrição de imagens, valorizar mais as informações sem utilizar os recursos de cores que não podem ser vistas, ter textos disponíveis também em áudio, entre outros recursos que permitem uma navegação com o mínimo de barreiras possíveis.

A acessibilidade **programática** é fundamental no contexto de digitalização em que vivemos. Sites precisam ser acessíveis para pessoas com deficiência, é uma determinação prevista pela Lei Brasileira de Inclusão nº 13.146/2015. Quantos nós conhecemos que têm recursos de acessibilidade? Quantos possuem tradutor de Libras, por exemplo? Eles devem prever funcionalidades desse tipo já na fase de projeto, mas não é comum que isso aconteça. Uma pesquisa de 2021 da BigDataCorp apontou que menos de 1% (0,89%) dos sites brasileiros são acessíveis a todos cidadãos.

O tipo de acessibilidade transversal, que permeia todos os outros, é o **atitudinal**. É uma atitude inclusiva que combate as diversas modalidades de capacitismo. Significa a postura genuína em favor da pessoa com deficiência que providencia mudanças arquitetônicas, metodológicas, programáticas, instrumentais e comunicacionais que beneficiem e naturalizem o convívio da população com deficiência. A quebra da barreira atitudinal é a que precede o rompimento de todas as outras.

Podemos ilustrar a questão da atitude com o caso de uma amiga nossa que tem uma filha com Transtorno do Espectro Autista (TEA), que fica imensamente desconfortável quando ouve canções infantis. Isso não é um impeditivo para que a mãe leve a menina para festinhas com outras crianças da idade dela. Nessas ocasiões, ela toma a iniciativa de pedir aos

> A acessibilidade programátca é fundamental no contexto de digitalização em que vivemos. Quantos sites nós conhecemos que têm recursos de acessibilidade?

O tipo de acessibilidade transversal, que permeia todos os outros, é o atitudinal. É uma atitude inclusiva que combate as diversas modalidades de capaticismo

organizadores dos encontros que evitem as músicas infantis e priorizem outros tipos de canções.

Ela poderia ser capacitista com a filha e mantê-la longe desses convívios sociais, mas prefere naturalizar a presença da garota de uma forma que não esconda ou minimize uma dificuldade. Ao contrário, lida abertamente com ela buscando uma solução que seja favorável e adequada às pessoas envolvidas. É como se ela agisse para tornar a "metodologia de diversão" da festa mais inclusiva, ajudando as pessoas envolvidas no processo a compreender e aceitar diferenças, e, o mais importante, atuar diferente para incluir as diferenças.

Resumindo as oito dimensões da acessibilidade

Dimensões da acessibilidade	Conceito
1. Arquitetônica	Visa assegurar o direito de ir e vir de todo cidadão. É uma nova leitura do ambiente físico. Prevê a ausência de barreiras físicas nas residências, nos edifícios, nos locais de trabalho, nos espaços e equipamentos urbanos, nos meios de transporte individual ou coletivo.
2. Atitudinal	É a prática interpessoal que elimina barreiras sociais e favorece a inclusão. Está relacionada ao comportamento das pessoas, à forma e ao modo de agir em relação aos outros e suas diferenças, sem preconceitos e discriminações. Ter atitudes acessíveis é tão importante quanto ter espaço e tecnologias acessíveis. Visa assegurar o direito de ir e vir de todo cidadão. Prevê a ausência de barreiras físicas nas residências, nos edifícios, nos locais de trabalho, nos espaços e equipamentos urbanos, nos meios de transporte individual ou coletivo.
3. Comunicacional	Garante o direito e o acesso à informação sem barreiras na comunicação entre as pessoas, na expressão escrita, no acesso ao conteúdo de papel, audiovisuais e virtuais e gera oportunidade, socialização e autonomia para todos.

4. Digital	São recursos que possibilitam a navegação, a compreensão e a interação de qualquer pessoa na web, sem ajuda de ninguém. Uma internet acessível para todo mundo, que beneficia idosos, pessoas de baixo letramento e pessoas com deficiência. Para isso utilizamos tecnologias assistivas.
5. Instrumental	A acessibilidade que deve existir em todos os instrumentos. Desde uma caneta, um compasso, uma régua. Tudo que envolve o uso de um instrumento deve envolver acessibilidade.
6. Metodológica	Acessibilidade nas técnicas e métodos de ensino e de trabalho para atender a todas as inteligências, pois cada ser humano tem um estilo de aprendizagem. A acessibilidade se faz presente quando quem ensina observa o jeito de cada um aprender para seu melhor aproveitamento.
7. Natural	Barreiras naturais, não construídas pelo homem, interferem na acessibilidade, como areia, pedras, penhascos etc. e, de alguma forma, impedem a presença das pessoas com deficiência.
8. Programática	Planos, projetos, leis, normas de serviços, decretos, tudo que for operacional, com aspecto de normatizar condutas não pode ter barreiras programáticas, trazendo palavras, ou informações que causam a exclusão das pessoas com deficiência.

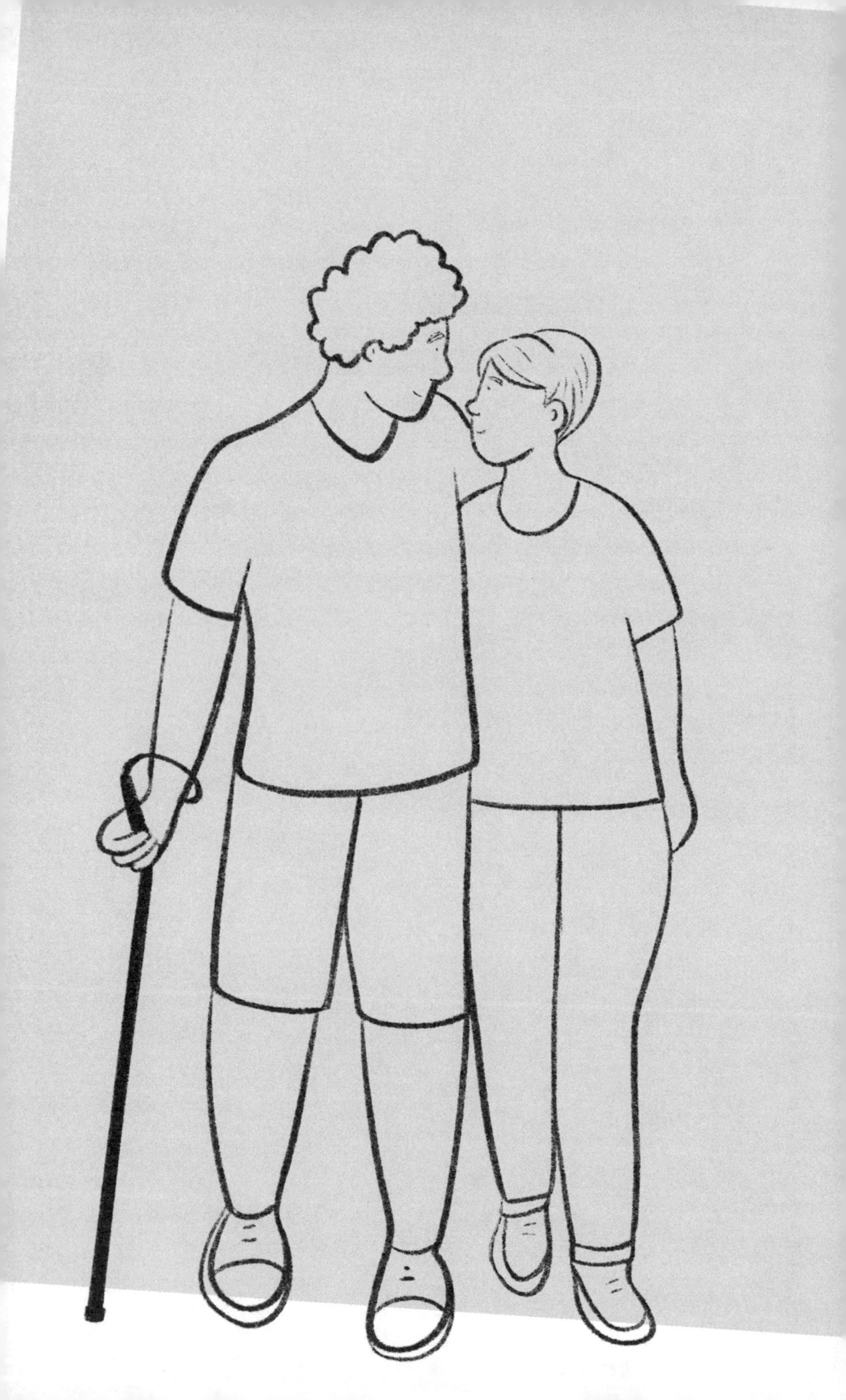

9

Humanize as relações com as pessoas com deficiência

"É papel da pessoa com deficiência protagonizar a desconstrução do autocapacitismo e do capacitismo na sociedade, e de forma didática, orquestrar aliados que multiplicarão essa prática"
Billy Saga

Muito se afirma que reconhecer um problema é a primeira providência para solucioná-lo. Vamos pensar nessa máxima aplicada às nossas próprias características pessoais. Alguém que queira vencer um medo, por exemplo, precisa admitir que ele existe para poder traçar as estratégias mais adequadas para enfrentá-lo, ainda que esse seja um processo que leve a vida toda. Com o capacitismo, acontece algo semelhante.

Inicialmente, é necessário assumir que todos nós, em alguma medida, somos capacitistas. Não existe "capacitismo zero", isso é uma ilusão. Acredite, essa conscientização é libertadora, porque nos permite adentrar um ciclo de aprendizagem e humanização

> **Não existe "capacitismo zero", isso é uma ilusão. Assumir que somos pessoas capacitistas não nos dá licença para repetirmos comportamentos opressores, apenas nos apoia na desconstrução**

sem igual. Mas, cuidado, assumir que somos pessoas capacitistas não nos dá licença para repetirmos comportamentos opressores, apenas nos apoia na desconstrução.

Nós, autora e autor deste livro, que somos pessoas cadeirantes, ainda nos surpreendemos cometendo atos ou usando expressões capacitistas. Às vezes escapa um "que mancada", que é uma conotação negativa para a ação de mancar e, portanto, caracteriza capacitismo. Por isso, precisamos nos manter em atenção para não cometer esses deslizes, até porque o capacitismo nem sempre é intencional ou deliberado. Ele também é resultado de construções do meio em que vivemos, aspectos culturais que nos envolvem e acabam influenciando nosso comportamento desde que nascemos. O fato é que a sociedade evolui e nossos comportamentos precisam acompanhar essa evolução.

A partir de nossa experiência e das dificuldades que temos enfrentado ao longo dos anos, queremos propor a seguir uma série de seis etapas de enfrentamento do capacitismo. Não se trata exatamente de uma sequência ordenada de medidas e atitudes que pressupõem o término de uma para o começo da outra. Na verdade, a primeira delas é imprescindível para que as demais possam acontecer, porém, uma vez iniciado esse processo, ele se transforma em uma jornada cíclica, com trilhas que são percorridas paralelamente e convergem para o mesmo fim. Aqui nos referimos ao sinônimo de finalidade e não de encerramento, afinal somos capacitistas em desconstrução.

1. **Assumir o capacitismo**
   Como dissemos, tudo começa pelo reconhecimento de que somos pessoas moldadas para ser capacitistas. Historicamente, as sociedades foram estruturadas sobre bases predominantemente capacitistas, e isso vem mudando graças a um esforço conjunto, do qual devem fazer parte todas as pessoas. Nesse contexto de transformação, é normal ter dúvidas, bem como aprender a partir dos próprios equívocos. Errar é permitido, até como ferramenta de balizamento e reorientação. Esse é um processo para toda a vida. O aprendizado e a evolução são constantes.

2. **Informação e convivência**
   Buscar conhecimento é uma das medidas fundamentais de combate ao capacitismo. Ir atrás de informações em leituras, séries, filmes, vídeos, podcasts é uma das maneiras de saber mais como enfrentar atitudes capacitistas. Também é importante conversar e conviver de fato com pessoas com deficiência. É algo que vai além de seguir alguém nas redes sociais, por exemplo. Ou de "adotar" um amigo com deficiência como justificativa social de proximidade conosco, exercendo dessa maneira a tática do tokenismo (como explicamos no Capítulo 4). Conviver é uma atitude de proximi-

dade verdadeiramente altruísta, em que se estende a percepção para as dores do outro. Essa é uma fonte de informação sem igual para o entendimento do capacitismo no meio em que vivemos.

3. **Autovigilância**
A mudança de comportamento pressupõe um esforço para romper com a reprodução automática de velhos padrões. É preciso ter em mente que a desconstrução e a reconstrução é um processo permanente e que requer atenção aos próprios posicionamentos, atitudes e declarações. Perceber um equívoco cometido é uma excelente forma de fortalecer novos padrões de pensamento.

4. **Aceitar os feedbacks**
O ideal é que o convívio com uma pessoa com deficiência se firme em bases de transparência, acolhimento e quebra de barreiras de comunicação. Não tenha medo de ter dúvidas e tentar dirimi-las. E, para isso, nada melhor que se dirigir diretamente a nós para saber das nossas dores. Não tema nos ofender ao perguntar como agir em determinada situação. Ofensivo é não estar disposto a aprender, a evoluir, a repensar comportamentos. Isso envolve também estar aberto ao que temos a transmitir a partir do nosso conhecimento e das nossas demandas. Não tenha medo de perguntar, mas não tenha medo também de ampliar a aceitação do que queremos dizer, não em tom professoral ou opressor, mas de mútua expansão de perspectivas.

Esteja disponível para aprendizados que contrariem formas ultrapassadas de pensamento. Essa reflexão se aplica muito ao cotidiano das pessoas com deficiência, mas vale também para as modificações em atitudes e crenças das pessoas sem deficiência que estão dispostas a buscar uma sociedade mais justa para todos, todas e todes.

5. **Não basta não ser capacitista: seja anticapacitista**
   Você está em uma roda de amigos, em uma conversa informal, e alguém diz algo que vai contra os seus valores. Até onde vai a sua indignação? Ao ponto de levantar a questão e eventualmente provocar uma discussão no grupo? Criou-se hoje em dia o estigma do "chato do rolê". É aquela pessoa que problematiza temas e não deixa passar determinadas falas, especialmente se elas são em alguma medida preconceituosas. E se pensássemos nessa pessoa como a "consciente do rolê"? Essa conotação de "chatice" aparece também quando se diz que "o mundo está ficando chato" porque "não se pode mais falar nada". Chato para quem? Para aqueles que querem fazer piadas preconceituosas e ofensivas sem serem incomodados? O chato não é aquele que chama a atenção para esse tipo de agressão. Chato mesmo, para dizer o mínimo, é que essas formas de discriminação continuem. Apontar o capacitismo de outra pessoa é contribuir para o enfrentamento dessa mazela social. Essas intervenções não precisam ser agressivas. Podem ser realizadas em um viés de acolhimento

que foca a atitude em si e não a pessoa que a tomou. Quando, em um bate-papo de bar, alguém profere uma afirmação capacitista, que tal convidar essa pessoa para uma reflexão em vez de simplesmente acusá-la? Dizer que uma afirmação é capacitista é bem diferente de chamar um indivíduo de capacitista, por exemplo. Existem diversas maneiras de ser anticapacitista, e as mais amigáveis costumam ser mais eficazes.

É importante ressaltar, porém, a necessidade de cuidado em uma abordagem pública desse tipo, para ser pontual na crítica à atitude capacitista e ao mesmo tempo gentil com a pessoa com deficiência, sem causar constrangimento a ela. Convém incluí-la na conversa e pedir sua opinião. Essa solicitação para que ela diga como se sente pode ser uma forma de minimizar a exposição.

6. Multiplicar informações

Existem inúmeras possibilidades de exercer o anticapacitismo no dia a dia. Quanto mais nos posicionamos contra vieses capacitistas, mais esse tipo de atitude se torna natural para nós. Passa a ser um novo padrão de comportamento de uma maneira cada vez mais fluida e constante, seja nas interações com amigos, seja nas relações de trabalho, seja em qualquer circunstância que apresente, ainda que sutilmente, possibilidades de escolha entre um gesto mais inclusivo ou não em relação às pessoas com deficiência. Pode ser uma postagem nas redes sociais que explique o capacitismo a partir de um exemplo prático. Pode ser provocando a reflexão em um prestador de serviço que às vezes não sabe como acolher uma pessoa com deficiência. Já trouxemos aqui casos em que um garçom não faz perguntas diretamente a uma pessoa com deficiência na hora de anotar os pedidos, como se essa pessoa não tivesse capacidade de decisão. Talvez nunca alguém tenha conversado com esse profissional sobre como lidar com esse tipo de situação. Essa informação precisa chegar até ele. Quem sabe, assim, ele também se reconheça capacitista e passe a percorrer esse ciclo que apresentamos aqui, tornando-se mais um multiplicador do anticapacitismo?

Vamos juntas e juntos nessa jornada!

Diante todos esses apontamentos, o maior desafio da desconstrução dos nossos comportamentos, de modo geral, é a forma como lidamos com o erro. Quantas vezes já nos disseram: "errar é humano"? E ainda assim, errar nos fere. Portanto, para desconstrução das nossas atitudes capacististas, perceber que "erramos" deveria ser entendido como um presente, como uma oportunidade para o nosso desenvolvimento, para não oprimirmos as pessoas com deficiência e para construção de uma sociedade mais inclusiva.

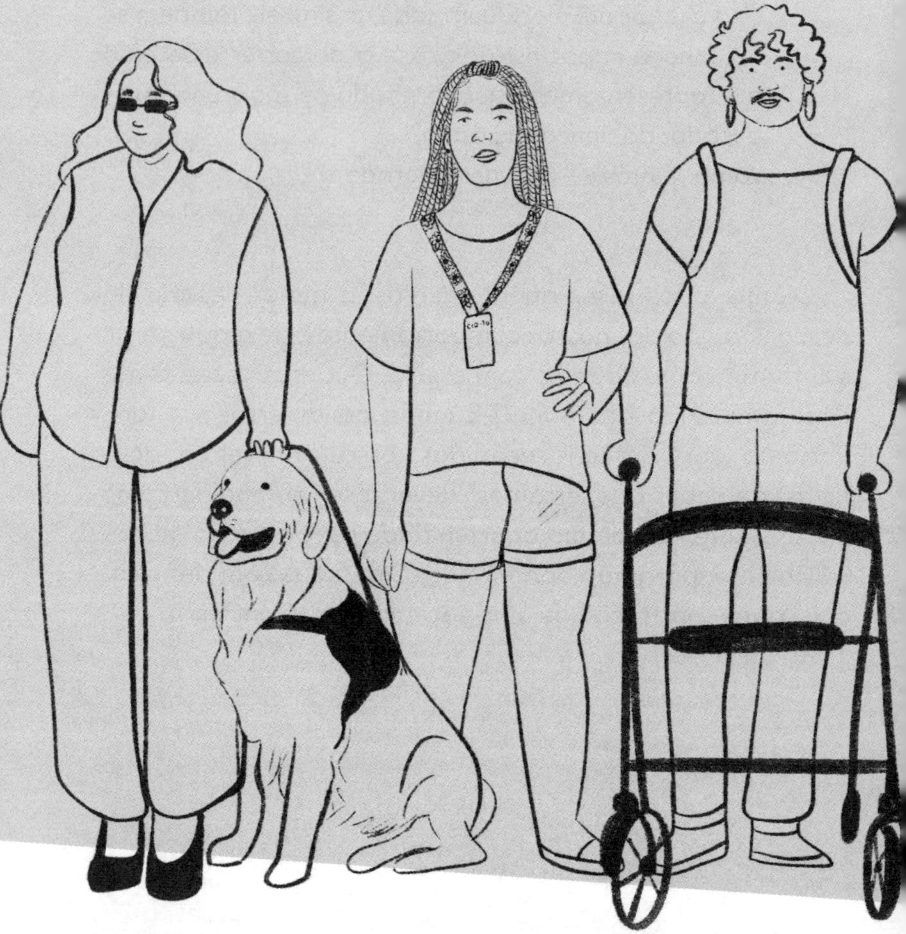

10
Reconheça a interseccionalidade das pessoas com deficiência

"O capacitismo nos resume a uma só condição. Ele congela na nossa deficiência e raramente se estende para as nossas interseccionalidades."
Carolina Ignarra

As pessoas com deficiência trazem consigo um marcador social que muitas vezes é predominante em relação a outros marcadores no que diz respeito a mecanismos de exclusão social. Porém, não há dúvida de que diferenças como as de gênero e raça se cruzam com a questão das deficiências e potencializam a discriminação sofrida por essas pessoas. A isso chamamos de interseccionalidade.

O conceito de interseccionalidade foi sistematizado por Kimberlé Crenshaw, que é uma professora negra, teórica e feminista norte-americana, e significa a sobreposição ou intersecção de identidades sociais e sistemas relacionados de opressão, dominação ou discriminação. Em outras palavras, é a soma de várias formas de opressão.

A deficiência é tão estigmatizante que acaba se sobrepondo a outras condições que também são alvo de discriminação. No contexto mais capacitista, o gênero da pessoa com deficiência, assim como a sexualidade, chega a ser neutralizado. O marcador para na nossa deficiência e raramente se estende por nossas interseccionalidades.

É comum, por exemplo, que uma mulher com deficiência que exerça um papel importante como líder em sua área de atuação profissional seja convidada para um evento como um exemplo de superação de uma pessoa com deficiência ao evoluir na carreira. É mais raro que essa mesma mulher seja chamada para um encontro apenas pela sua competência enquanto liderança feminina. A questão de gênero, nesse caso, chega depois. Isso porque o rótulo da incapacidade pela deficiência é muito forte.

Quando falamos em interseccionalidade de marcadores sociais, é necessário lembrar que as causas precisam avançar juntas. Isto é, formamos pilares da diversidade e, quando olhamos o ser humano como um todo, percebemos a existência das demais características diferentes que se interseccionam.

A origem da opressão e da exclusão enfrentadas pelas pessoas diversas é a mesma: a discriminação. Sendo assim, definir estratégias comuns para a quebra dessas opressões torna-se muito mais eficaz do que movimentos que focam um recorte e negligenciam completamente outros.

Até porque os marcadores efetivamente se acumulam e isso faz com que a opressão se multiplique.

Considere as interseccionalidades de uma mulher, preta, mãe, periférica, com deficiência. Pensando somente no âmbito do mercado de trabalho, podemos imaginar as dificuldades enfrentadas por essa pessoa para vencer as barreiras, exercer e ser valorizada por sua competência profissional.

As opressões se cruzam e em diversas circunstâncias de nossas vidas. Há casos de mães cadeirantes que são privadas de estarem conscientes durante os partos de seus bebês por decisões capacitistas dos médicos responsáveis. Talvez por excesso de cuidado ou mesmo por falta de referências para avaliar as novas possibilidades. Tornar imperativa a cirurgia cesariana com anestesia geral para essas mães é uma atitude capacitista, que impede a vivência de um momento importante da maternidade, que é o de encontrar e embalar o bebê em seu primeiro contato com o mundo. Além disso, é frequente os médicos perguntarem se a mulher com deficiência quer dar continuidade na gestação, como se sua condição fosse impeditiva para dar à luz.

A interseccionalidade indica que o capacitismo se soma aos demais comportamentos opressores com os quais a pessoa com deficiência tem que lidar

A interseccionalidade se torna evidente quando assumimos o preconceito. A partir disso, precisamos buscar informações para formarmos opiniões mais coerentes com a realidade. Assim, podemos quebrar barreiras atitudinais e entender que uma característica não pode inferiorizar um indivíduo. Pelo contrário: somar várias qualidades pode nos tornar pessoas ainda mais plurais, criativas e interessantes.

No mundo do trabalho, por exemplo, na teoria não é mais possível pensar em programas de diversidade, equidade e inclusão sem atender às especificidades de cada marcador social, ao mesmo tempo e com o mesmo respeito.

Em relação à opressão que insiste em "simplificar" nossa existência, o capacitismo está para a pessoa com deficiência assim como o machismo para as mulheres, e a homofobia para a comunidade LGBTQIAP+. A interseccionalidade indica que o capacitismo se soma aos demais comportamentos opressores que a pessoa com deficiência tem que lidar, porque ela não é apenas sua deficiência.

Ser mulher amputada, lésbica, preta ou ser um homem com deficiência visual, indígena, gay, faz qual marcador social chegar primeiro? O ideal ocorre quando todos os marcadores chegam juntos e a pessoa com deficiência pode representar mais de um deles, porque essa é a melhor forma de reunir forças contra as opressões.

Obviamente são lícitas as segmentações e o foco nas particularidades de cada causa. O que não agrega em termos de conquistas é considerar movimentos como se fossem concorrentes, como se os holofotes sobre um pudessem roubar o protagonismo de outro. O objetivo nunca é esse. Inclusive, estratégias de posicionamento podem ser aprendidas entre os diferentes grupos, de maneira que se fortaleçam conjuntamente. Temos muito o que aprender com iniciativas da negritude e da população LGBTQIAP+, entre outras. Assim como acreditamos que temos muito a ensinar também.

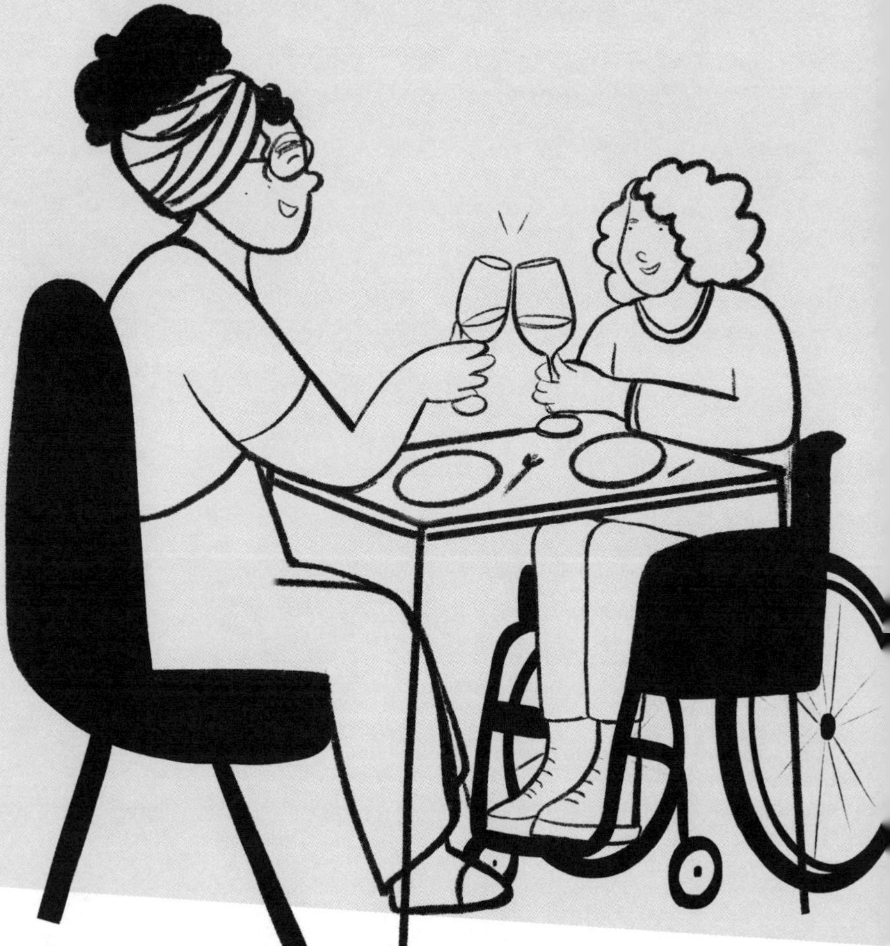

11

Torne-se uma pessoa aliada

"Privilégio é a comparação de existências."
Carolina Ignarra

É comum que as ideias que defendemos sejam replicadas em grupos de pessoas que pensam como nós. Sempre será mais confortável discutir e debater assuntos em ambientes já preparados para eles. Porém, quando tratamos especificamente do apoio a uma causa que irá contribuir para uma vida mais harmônica e feliz para todas as pessoas, não basta que o tema seja tratado e discutido apenas entre grupos que já se encontram engajados com a questão. É preciso sair da bolha e ampliar os círculos de debate para sensibilizar também pessoas que têm pouca familiaridade com o assunto.

Levando em conta essa necessidade de alcance da mobilização em favor das pessoas com deficiência, precisamos ter em mente que pessoas privilegiadas são ótimas aliadas na conscientização e nas ações relativas à nossa inclusão.

Em primeiro lugar, vamos entender melhor o que queremos dizer com o termo "pessoa privilegiada". Trata-se de um conceito que deve ser estabelecido sempre a partir de uma comparação de existência. Não podemos entender um privilégio isoladamente e, sim, na relação entre diferentes realidades. Por exemplo, uma trabalhadora ou um trabalhador que possua uma renda mensal acima da média encontra-se em uma posição privilegiada, em termos financeiros, na comparação com alguém que esteja sem exercer uma atividade remunerada ou que receba um salário-mínimo. Em contrapartida, essa mesma pessoa com rendimento menor, se conta com saneamento básico em casa, pode ser considerada privilegiada perante quem não tenha acesso a esse serviço.

Assim, nem todas as pessoas sem deficiência são privilegiadas em relação às pessoas com deficiência. E é possível também discernir privilégios entre as diferentes pessoas com as mesmas ou diferentes deficiências. Uma pessoa cadeirante que tenha a capacidade de audição possui o privilégio de ser ouvinte na comparação a alguém com deficiência auditiva. Em contrapartida, a pessoa com a audição comprometida, não sendo uma pessoa cadeirante, tem o privilégio de ser andante em relação à outra que precisa da cadeira de rodas para se locomover.

É muito importante buscar dados, referências e pesquisas sobre as pessoas com deficiência para compreender melhor as questões que elas enfrentam

O exercício de analisar a si mesmo em contexto e reconhecer os próprios privilégios é fundamental para se engajar por causas que impactam o bem-estar geral. Nós, autores deste livro, só podemos compreender a Lei de Cotas em sua essência ao compararmos nossas próprias histórias com as trajetórias de outras pessoas com deficiência que não tiveram na vida alguns privilégios de que nós usufruímos. Por sinal, vale ressaltar que, quando nos referimos a privilégios, não tratamos apenas de condições econômicas. São muitos os fatores que dão parâmetros para essas comparações, como a própria estrutura familiar em que a pessoa está inserida.

Ocorre que o ser humano tem dificuldade de assumir o privilégio, pois assumi-lo pode trazer a sensação de invalidar os méritos de suas conquistas. Ao passo que reconhecer o privilégio é, na verdade, o princípio da jornada da pessoa aliada à luta das pessoas com deficiência e da diversidade humana de forma geral. É quando assume essa condição que a pessoa se abre verdadeiramente para a percepção de outras realidades e se coloca receptiva para entender dificuldades, potenciais e conquistas que mobilizam outras vidas, e, a partir daí, pode efetivamente agir para torná-las melhores.

Para essa ação acontecer de fato, no caso, há duas premissas: informação e convivência. É muito importante buscar dados, referências e pesquisas sobre as pessoas com deficiência para compreender melhor as questões que elas enfrentam. Além disso, como em tudo na vida, o verdadeiro conhecimento se estabelece quando teoria e prática se complementam. Portanto, para perceber genuinamente o universo das pessoas com deficiência, é necessário conhecer não apenas em tese e, sim, no convívio do dia a dia.

Isso é bem diferente de tokenismo. Conviver não é adotar alguém como referência para justificar socialmente a simpatia pela causa da pessoa com deficiência. Não é encontrar de vez em quando e, até por acaso, esse alguém, em eventos com outras amigas e amigos em comum, e usar esses eventuais encontros como argumento para se dizer pessoa aliada. Não é seguir uma influenciadora com deficiência nas redes sociais sem interagir de fato com ela, apenas curtindo vez ou outra seus posts sem compartilhar, sem levar os temas para conversas presenciais e situações do cotidiano.

Conviver é criar empatia. É mover-se pelo sentimento. A partir disso, passa a ser muito mais natural o processo de entendimento e defesa da causa. Tente fazer o seguinte exercício: pense em quantas vezes convidou uma pessoa com deficiência para visitar sua casa, para um jantar, para uma festa. Quantas vezes a visitou ou esteve com ela em uma boa e longa conversa?

É a emoção que desperta a ação. Esse é o grande poder da pessoa aliada privilegiada. De um lado, ela vai criar um elo autêntico de proximidade com as pessoas com deficiência que a levará a comportamentos anticapacitistas efetivos. De outro, se tornará uma liderança positiva para a desconstrução do capacitismo entre as pessoas de sua convivência.

Vale ressaltar que quando falamos em liderar mudanças de atitude, não queremos sugerir que essas ações sejam realizadas a partir de uma postura de superioridade. O ponto em destaque é partir de iniciativas individuais para impulsionar um processo que é coletivo. Daí voltamos à importância do reconhecimento do privilégio. Essa consciência reforça que todos nós somos aprendizes o tempo todo, e é só aprendendo constantemente e em conjunto que podemos vencer o capacitismo.

A pessoa aliada privilegiada alcança um lugar além daqueles que já fazem parte de pessoas ativas pela inclusão. Ao usar seu lugar de privilégio, pessoas aliadas transmitem as ideias anticapacitistas de uma maneira que pode ser até mais efetiva para mobilizar seus pares do que se esses estivessem recebendo a mensagem de um público com o qual não estão acostumados a interagir. Essa transmissão não deve ser feita de maneira agressiva. Pelo contrário. Considere um encontro entre amigas e amigos sem deficiência em que uma dessas pessoas use uma expressão capacitista, por exemplo. Uma pessoa aliada privilegiada que esteja na conversa pode, em tom amistoso e didático, explicar para quem utilizou a expressão em questão que ela pode ser substituída por outra que não provoque constrangimento em uma pessoa com deficiência. Em resumo, além da própria desconstrução de capacitista, a pessoa aliada participa do processo de desconstrução do seu entorno.

A credibilidade da explicação é reforçada quando uma pessoa aliada explica que aprendeu sobre a questão com outra pessoa aliada à causa. Essa corrente de proximidades e afetos se transforma em um método bastante sólido de disseminação de pensamentos e ações anticapacitistas. É uma forma de comunicação entre semelhantes para incluir as pessoas diferentes.

Histórias positivas de pessoas aliadas

Romeu Sassaki, um aliado que não deixou ninguém para trás

Durante o processo de produção deste livro, passamos pela perda de Romeu Sassaki, conhecido como o "pai da inclusão". Ele traduziu as oito dimensões da acessibilidade, já descritas nesta obra, e facilitou nossa compreensão sobre inclusão e acessibilidade. A partir desses conhecimentos, ele reforça a importância de realizar um diagnóstico das barreiras que impedem e atrapalham a inclusão das pessoas com deficiência nas escolas, nas ruas, no trabalho. Ele definiu que acessibilidade é o contrário das barreiras que precisam ser removidas.

Nos anos 1960, Romeu Sassaki graduou-se em Serviço Social, em São Paulo, e logo conseguiu um estágio em uma empresa, no departamento pessoal. Tinha a tarefa de convocar os trabalhadores afastados por acidente de trabalho ou doença ocupacional, estudando um jeito de fazê-los retornar ao trabalho na mesma ou em nova função.

Trabalhar com esse tema deu a ele ainda mais conhecimento sobre os diversos tipos de deficiência. Importou os primeiros livros que tratavam de inclusão dos Estados Unidos, Canadá e Reino Unido, e começou a traduzir e multiplicar o conceito das dimensões da acessibilidade em palestras sobre o tema e em livros que ajudaram a ampliar nossos entendimentos sobre as barreiras e como transpor cada uma delas e em todas as dimensões. Um aliado natural, predestinado a nunca deixar ninguém de fora. Ninguém para trás.

O movimento SuperAção

História de mobilização de aliados na inclusão, por Billy Saga

Sou um dos fundadores do SuperAção, movimento em favor das pessoas com deficiência que nasceu a partir de conversas do nosso grupo da oficina de teatro do Deto Montenegro. Na época, depois dos ensaios, costumávamos bater um papo no bar sobre as nossas dificuldades no convívio social. Durante um desses debates, eu e o Guilherme Rocha, também uma pessoa cadeirante, decidimos organizar manifestações e passeatas para fomentar a mobilização pela causa. Para o movimento ganhar força, foram fundamentais as adesões de pessoas sem deficiência. Muitas se aliaram motivadas tão somente pela empatia, não por terem alguém com deficiência na família nem nada do tipo. Um forte exemplo dessa solidariedade sem precedentes foi a chegada da radialista Luka Salomão, da 89 FM. Ela nos conheceu em uma das confraternizações do grupo do Deto e decidiu juntar-se a mim e ao Guilherme para atuar pela quebra de barreiras à acessibilidade. Tornou-se, então, uma das pessoas fundadoras da ONG SuperAção, em 2003.

A partir daí, a maioria das estratégias de atuação do movimento era traçada no meu apartamento, que se transformou em uma espécie de sede informal do SuperAção.

O envolvimento da Luka com a causa fez com que a própria rádio 89 FM se tornasse uma aliada do SuperAção. Essa influência midiática ajudou a atrair artistas e celebridades para as manifestações do movimento. Porém, é importante ressaltar que não é somente a fama o balizador da importância das pessoas sem deficiência como aliadas. Muitas não são personalidades conhecidas, o que não diminui a sua relevância para as ações.

Chegamos a contar com cerca de cem voluntários e voluntárias, além de dez conselheiros e conselheiras, em boa parte pessoas sem deficiência que em muito contribuíram para viabilizar manifestações em várias cidades do Brasil e também de outros países do continente americano.

Entre essas pessoas, é preciso destacar todo time da ONG Mais Diferenças, a representante da ONG na Argentina, Pilar Nieva, e os líderes do movimento no Rio, Ricardo e Nena Gonzalez. Aliás, foi em Copacabana que o SuperAção reuniu o maior número de pessoas em uma única manifestação, em 2008, ocasião em que 40 mil pessoas tomaram a orla.

Líder aliada que esbanjou disposição e empatia

História da Andressa Pinheiro na minha inclusão, por Carolina Ignarra

Em 2001, três meses após sofrer um acidente de moto e me tornar uma pessoa cadeirante aos 22 anos, tive a oportunidade de voltar ao trabalho. Recém-formada em educação física, eu dava aulas de ginástica laboral em várias empresas em São Paulo, por uma consultoria chamada Movimento — Saúde Corporativa.

Eu voltei a trabalhar a convite da Andressa Pinheiro, sócia-fundadora da Movimento e que era minha gestora direta na época. Inicialmente minha atividade era elaborar o plano de aulas para os outros professores aplicarem nas empresas, fazia essa atividade em *home office* e ia para empresa uma vez por mês para apresentar o planejamento para meus colegas.

Essa volta foi muito sensível e inclusiva, pois a atividade considerava minha formação e experiência, além de me permitir trabalhar paralelamente ao meu processo de reabilitação. Afinal, três meses após o acidente eu não estava pronta física, emocional nem socialmente.

Com o passar do tempo e à medida que fui adquirindo mais autonomia, passei a ir para o escritório e assumir outras responsabilidades. Eu era cobrada, desafiada e também reconhecida pelas minhas entregas. O trabalho fez parte da minha reabilitação e costumo dizer que sou muito privilegiada por ter percebido a importância dele em minha vida ainda tão jovem.

A Andressa é uma pessoa aliada da inclusão, teve um papel muito importante na minha carreira. Ela acreditou em meu potencial, antes mesmo de eu acreditar, me ensinou a empreender e a protagonizar. Juntas passamos por muitos desafios, e tudo deu certo, pois ela fez a minha inclusão com muita disposição, é algo que ela queria fazer. E hoje, quando conto que já incluí com a minha consultoria Talento Incluir mais de 9 mil pessoas com deficiência no mercado de trabalho, lembro que foi a Andressa quem me tirou de casa. Percebe a extensão da atitude aliada dela?

No meu trabalho, conheci algumas pessoas como ela, que trouxeram de volta para o trabalho quem já estava nos seus times e, por algum acaso, adquiriu deficiência. E uma pergunta que sempre faço aos líderes que desenvolvo é: Se você faria tudo pela reinclusão de alguém que já está no seu time, por que não fazer tudo pela inclusão de quem você ainda não conhece?

Ele só queria fazer arte

História de Deto Montenegro e os projetos sociais da Oficina dos Menestréis, por Carolina Ignarra

Deto Montenegro já foi mencionado no início deste livro, e não à toa. Afinal de contas, um dos resultados da atitude desse aliado foi o meu encontro com o Billy.

Era carnaval de 2003 no Rio de Janeiro quando conheci o Deto Montenegro. Ele já dirigia a Oficina dos Menestréis, um grupo de teatro em São Paulo. E já conhecia a minha história de ter adquirido deficiência e usar cadeira de rodas, pois foram os pais dele, D. Elvira e Sr. Newton, que tinham apoiado a minha reabilitação em Brasília, um ano antes.

Lá mesmo, na praia, Deto me convidou para fazer uma aula de teatro quando voltasse para São Paulo. Fui e levei comigo minha amiga de reabilitação e conterrânea Tabata Contri. Pensamos que íamos assistir ao ensaio de uma peça e, quando percebemos, já estávamos envolvidas com o elenco de mais de trinta pessoas. Antes mesmo de o ano acabar, estreamos no espetáculo "Good Morning São Paulo", com a direção do Deto.

Paralelamente a essa montagem, Deto nos contou que se amarrava na arte que a cadeira propunha no palco e que desejava tocar um projeto apenas com pessoas cadeirantes. Assim, ao longo de oito meses, todos os domingos às oito da manhã, Deto ensaiou um grupo de dezenove artistas cadeirantes. Em novembro de 2003, a nossa trupe estreou "Noturno", uma peça de Oswaldo Montenegro que já era consagrada na Oficina dos Menestréis e já estava em cartaz com um elenco de pessoas sem deficiência havia mais de dez anos.

O "Noturno Cadeirantes" foi tão sensível, artístico e impactante quanto a versão andantes. E o sucesso do resultado está diretamente ligado ao fato de como fomos dirigidos pelo Deto. Ele cobrou o elenco com equidade, flexibilizando as cobranças de acordo com nossas necessidades específicas, mas sempre exigindo arte e disciplina.

O Detão, como carinhosamente é chamado, só queria fazer arte, e isso ele faz até hoje. E ele fez muito mais, promoveu sentimento de pertencimento e protagonismo para aquele elenco de artistas cadeirantes. Ele, sem perceber, mudou a vida daqueles menestréis. E, mais ainda, mudou o negócio dele.

Suas montagens passaram a acolher uma diversidade maior de deficiências. O projeto "Mix Menestréis", por exemplo, junta artistas cegos à trupe de pessoas cadeirantes. Jovens e adultos com Síndrome de Down integram o projeto "Up"; o projeto "AUT" conta com pessoas com autismo, e o projeto "Maturidade", com artistas 50+.

Pessoas aliadas beneficiam as pessoas que apoiam e também ganham muito com essa convivência. Deto costuma dizer que a Oficina dos Menestréis era uma antes e tornou-se outra depois do "Noturno Cadeirantes".

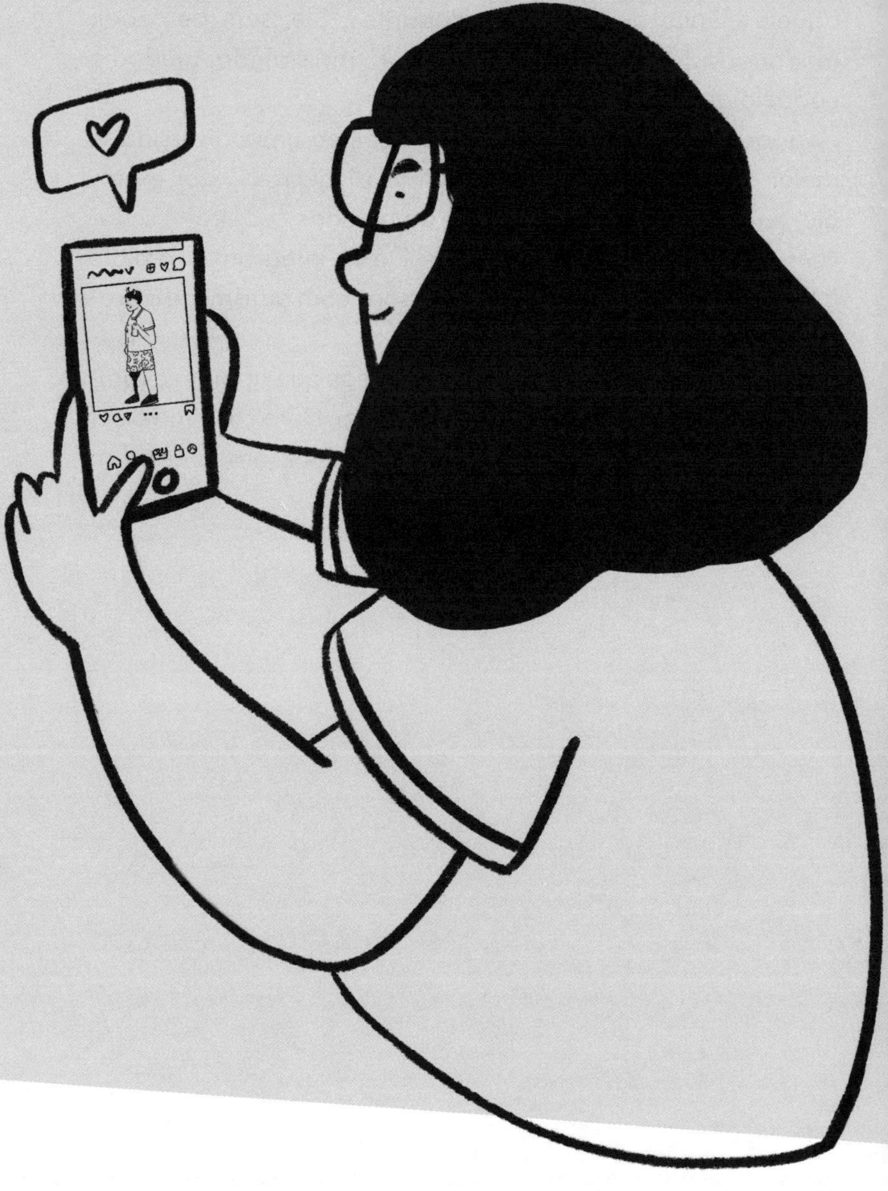

12

Valorize a representatividade das pessoas com deficiências na mídia e nas redes sociais

"As mídias atuam sob um pano de fundo capitalista e por isso raramente vemos um contexto inclusivo nas abordagens sobre as pessoas com deficiência, pois para eles não somos público-alvo, não produzimos e não consumimos."
Billy Saga

Já se deparou com a frase "você é o que consome"? Pois ela pode ser bastante útil para compreendermos a importância de exercer determinadas escolhas na hora de adotar um posicionamento de vida anticapacitista. Considere, por exemplo, alguém que assista a um programa de humor que utilize situações capacitistas como forma de entretenimento. É possível afirmar que, em certa medida, essa pessoa está sendo conivente com o modo de pensar que tal programa esteja disseminando. Em casos como esses, porém, existem diferentes níveis para expressar a discordância com o conteúdo apresentado. O mais simples e imediato é mudar de canal. Outras atitudes nesse sentido incluiriam postar opiniões nas redes sociais analisando o teor capacitista do programa. Além disso, esses posts seriam uma boa oportunidade para abordar o capacitismo em suas várias formas, exercendo um papel didático muito bem-vindo na empreitada de romper barreiras para as pessoas com deficiência.

Por sinal, se considerarmos o capacitismo na mídia, não têm faltado oportunidades para trocar de canal ou desligar a televisão, isso para ficarmos apenas nesse veículo de comunicação mais tradicional. Ao longo de décadas, novelas e filmes registraram as deficiências como um tipo de castigo muitas vezes direcionado aos vilões e às vilãs das histórias, como se estivessem sendo punidos por mau comportamento. Não raros também são os enredos em que uma personagem com deficiência conclui sua trajetória na trama em uma condição sem a deficiência, para a construção de um suposto "final feliz", como se deficiência e felicidade fossem estados incompatíveis de existência.

Notamos que ainda há muito o que evoluir quando ainda hoje nos deparamos com shows de humor que tentam fazer piadas com pessoas com nanismo, entre outras manifestações explícitas de capacitismo.

> **O cripface contribui ainda para diminuir as oportunidades de trabalho para atrizes e atores com deficiência. É a consumação de um círculo vicioso**

Outra prática comum, já mencionada anteriormente neste livro, é a do cripface, que ocorre quando uma atriz ou um ator sem deficiência interpreta uma pessoa com deficiência. Se a personagem é celebridade, acaba por transmitir ao público uma sensação de que a deficiência é uma condição irreal, que deve permanecer apartada no cotidiano verdadeiro, dado que aquele ou aquela artista só tem uma deficiência representada. É como se o universo das pessoas com deficiência pudesse ser restrito a um plano específico que só é acessado em ocasiões de exceção ou em contextos bem particulares.

Essa percepção reforça o viés de normalização, de afastamento da deficiência da vida comum do dia a dia, tornando-se um desserviço à naturalização, à incorporação da deficiência como um componente legítimo da existência. O mesmo efeito surge quando bancos de imagens utilizam modelos sem deficiência para retratar pessoas com deficiência. Cria-se uma artificialidade que é facilmente perceptível para quem tem deficiência e que diminui a nossa representatividade.

O cripface contribui ainda para diminuir as oportunidades de trabalho para atrizes e atores com deficiência. É a consumação de um círculo vicioso, uma vez que as escolas de atrizes e atores também não absorvem e desenvolvem os talentos da dramaturgia na medida da sua presença entre as pessoas com deficiência.

Obviamente, há situações que precisam ser analisadas a partir da conjuntura em que estão inseridas. Se pensarmos em uma personagem que adquire a deficiência ao longo da trama, a atriz ou o ator em questão terá de interpretar alguém sem deficiência em um pedaço da história. Dada essa circunstância, é justificável que essa ou esse intérprete seja uma pessoa sem deficiência, o que ameniza o problema do cripface.

Em casos como este, é preciso lembrar o "nada sobre nós sem nós": a importância de ter pessoas com deficiência nos bastidores também, trazendo as sensibilidades que ajudam a evitar o capacitismo nas produções artísticas.

Um ótimo exemplo foi a novela "Viver a vida", de Manoel Carlos, que contou a história de Luciana, vivida por Alinne Moraes, que se tornou tetraplégica em um acidente durante a trama. O autor e a atriz tiveram consultoria e laboratório com Flávia Cintra, que é uma mulher tetraplégica.

Vale citar também outro ótimo exemplo de produção cultural que dá total espaço para a expressão de uma pessoa com deficiência. Trata-se da série *Special*, roteirizada e estrelada pelo norte-americano Ryan O'Connell, escritor, ator, ativista LGBTQIA+ e ativista pelas pessoas com deficiência. A série é baseada na autobiografia do próprio O'Connell, que tem paralisia cerebral. Em dado momento, antes de fazer sucesso, ele chegou a declarar que Hollywood não estava muito interessada em pessoas com deficiência, o que chamou a atenção para o capacitismo na indústria cinematográfica. *Special* mostra situações que evidenciam o autocapacitismo de O'Connell, que em determinados momentos da vida escondeu que tinha a deficiência.

A mídia e as produções culturais têm importante papel no anticapacitismo. Elas ajudam a formar e disseminar padrões de pensamento e de comportamento. São fundamentais na estruturação de uma sociedade mais inclusiva.

Por isso, quando alguém escolhe programas para assistir que sejam adeptos à nossa causa e deixa de prestigiar os capacitistas, também faz a diferença a nosso favor. Afinal, o que não tem audiência, não sobrevive. E essa contribuição anticapacitista cresce à medida que a pessoa indica conteúdos inclusivos para seus contatos e se posiciona em relação àqueles que não o são, lembrando que não é necessário usar um tom agressivo para apontar equívocos no retrato das pessoas com deficiência.

> **A mídia e as produções culturais têm importante papel no anticapacitismo. Elas ajudam a formar e disseminar padrões de pensamento e de comportamento**

Atualmente, os influenciadores digitais, como bem já sugere a designação, também exercem essa função de formadores de opinião social. Assim, da mesma maneira, seguir nas redes sociais alguém que adota um posicionamento anticapacitista é um jeito de se aliar a esse movimento, e deixar de prestigiar quem exerce o capacitismo igualmente coopera para que esse tipo de pensamento não ganhe audiência.

O que precisamos praticar de fato é o anticapacitismo. Programas que contam nossas histórias com trilha sonora triste de fundo, sempre associando a nossa imagem a infelicidades, tristezas, doenças: não é isso. Não vale nem para sensibilizar o público para arrecadar doações. Não é real. Essa atitude é capacitista ao extremo. É possível promover ações de voluntariado para instituições que apoiam a pessoa com deficiência, mas sem fazer disso um mar de lágrimas.

Para isso, conhecer as rotinas de uma pessoa com deficiência nos ajuda a entender que esse clima depressivo e de superação — palavra essa que é a própria materialização do capacitismo — não traduz nossos cotidianos. Até porque o contrário é uma verdade. Muitas pessoas sem deficiência são depressivas.

As ações afirmativas combatem essa forma de exposição capacitista das nossas histórias e trazem nossas contribuições para um mundo mais justo para qualquer pessoa. Um exemplo de ação afirmativa são os personagens com deficiência criados por Mauricio de Sousa para a Turma da Mônica. Luca, um menino cadeirante que ama esportes e joga basquete como ninguém; Dorinha, uma menina muito doce e amável com os amigos e que tem deficiência visual. Ela está sempre acompanhada do seu cãozinho-guia, o Radar. Há ainda o Edu, um garotinho com distrofia muscular de Duchenne; a Tati, com Síndrome de Down; o André, que tem Transtorno do Espectro Autista, e recentemente a turma ganhou a Sueli, uma personagem surda que se comunica em Libras. E o Humberto, integrante da turminha desde 1981, é mudo; ele não fala, mas escuta.

O afirmativo desses personagens é o fato de estarem sempre incluídos na turma e ajudarem os amigos e os leitores a entender suas deficiências. As crianças, com deficiência ou não, estão sempre juntas, felizes, sorrindo, participando das histórias, fazendo esportes, brincando e aprontando juntas. Porque, afinal, a inclusão é sobre isso, e a convivência é a protagonista na arte de aproximar e conhecer o universo das pessoas com deficiência.

Sendo assim, quando resolvemos seguir uma pessoa com deficiência nas redes sociais, é interessante considerar que interagir, comentar, compartilhar conteúdo são atitudes que fazem dessa conexão um instrumento muito mais efetivo contra o capacitismo do que simplesmente inserir essa pessoa em uma lista de contatos. Não se trata de exercitar um tipo de "tokenismo virtual". É preciso ir muito além disso. É necessário gerar um fluxo verdadeiro de informação e de debate de boas ideias.

Nosso papel anticapacitista é valorizar a arte das pessoas com deficiência, indicando seu espetáculo, compartilhando suas postagens, suas artes e fazendo a informação alcançar o maior público possível, exatamente como fazemos com espetáculos, shows, séries, novelas, filmes etc. sem pessoas com deficiência atuando. Gostar de criações artísticas é a grande ação, que nos impulsiona a indicar, aplaudir e voltar várias vezes para prestigiar a arte pela arte.

Aponte a câmera do seu celular para o QR Code e conecte-se com as pessoas com deficiência

Nosso até breve

Carol

Escrever este livro me levou muito além do que eu imaginava. Entendi mais sobre mim, sobre vocês e sobre nós. Recordei minha existência sem e com deficiência, lembrei de quem eu era, de quem eu sou e de todo processo para chegar até aqui. E, de todas as percepções, acredito que a mais importante para trazer nesse fechamento é que o futuro sempre chega. Para não parecer clichê ou piegas (risos), vou explicar mais sobre essa afirmação.

Em setembro de 2001, eu comecei minha jornada como pessoa com deficiência, após três meses veio o trabalho, após um ano estava dirigindo, após dois anos estava fazendo teatro, estudando inglês. Mais um ano, veio o namorado, filha, pós-graduação, e fundei uma empresa (a Talento Incluir). E, em um piscar de olhos, usar cadeira se tornou apenas mais um detalhe na minha vida.

Demorou mais de dez anos para vir o peso desse detalhe. Veio o luto por perder o movimento das pernas, veio o amadurecimento e a percepção de que tenho uma história de superação, mas não sou super. E dezesseis anos depois, em 2017, veio a certeza de que além de não ser super, sou tão frágil quanto forte. O luto da perda do meu pai, o Chicão, me arrebatou e me humanizou.

O futuro sempre chega, é essa a frase que estou explicando. E por quê? Porque escrever este livro com meu mano Billy, e provocada por ele, é também entender que pessoas com deficiência que acabaram de nascer ou adquirir nesse momento colherão os avanços que estamos plantando na sociedade com esta obra. E, quando esse futuro for presente, confio que estaremos modificados humanamente.

Billy

Segundo o poeta cubano José Martí, para deixar um legado, o ser humano deve plantar uma árvore, ter um filho e escrever um livro.

Em minha vida, eu já havia plantado algumas árvores. A minha filha Emilia, todos que estão mais próximos e acompanham a minha saga, sabem que é o meu maior, melhor e mais precioso projeto de vida, logo, para completar o meu legado, só faltava escrever um livro.

Mesmo já tendo três obras musicais, ou seja, três álbuns lançados, o que requer muita escrita nas composições autorais, lançar um livro impresso, para quem aprecia a forma de leitura tradicional, analógica, contempla um específico ritual de absorção cultural, que era algo inédito para mim.

Diante disso, agradeço a minha mana Carol por ter embarcado nessa jornada de escrever um livro comigo, sobre um assunto tão importante para a sociedade atual. Eu diria que mais do que importante, essa pauta é urgente e essencial, com tudo que abordamos neste projeto.

Espero que as informações que trouxemos nesta obra tenha aberto a janela de sua alma e tenha te instigado a se tornar um aliado de nossa causa, e que você venha junto conosco encarar os desafios e não as lutas, como diz a Carol, porque nas lutas alguém tem que perder e, nos desafios, todos vencem.

Pois é iminente que a sociedade dê esse próximo passo para sua evolução. E, neste livro, sinto-me dando mais um passo no cumprimento de minha missão que começou em um leito de hospital, aprendendo com a dor de uma lesão medular, mas se transformou no prazer da autoapropriação e autoaceitação que me permitiu ter empatia pelos iguais e diferentes na busca de um mundo melhor. Conto com você para que nossos filhos possam ter um mundo mais plural e inclusivo.

O livro terminou, mas a desconstrução apenas começou. Persistir na jornada anticapacitista é um constante desafio pessoal e coletivo.

Referências

AMATO, Luciano. *Diversidade e inclusão e suas dimensões.* São Paulo: Literare Books International, 2022.

CONTRI, Tabata. Entrevista concedida a Carolina Ignarra e Billy Saga. São Paulo, 01 nov. 2022.

FIGUEIRA, Emílio. *As pessoas com deficiência na história do Brasil — uma trajetória de silêncios e gritos!* Rio de Janeiro: Wak, 2021.

GRUPO TALENTO INCLUIR. *Guia de comunicação inclusiva.* São Paulo, 2022. 38 p.

IBGE - INSTITUTO BRASILEIRO DE GEOGRAFIA E ESTATÍSTICA. *Censo Brasileiro de 2010.* Rio de Janeiro: IBGE, 2012.

RANIERI, Eliane. Entrevista concedida a Carolina Ignarra e Billy Saga. São Paulo, 01 nov. 2022.

SASSAKI, Romeu. *As sete dimensões da acessibilidade.* São Paulo: Larvatus Prodeo, 2019.

SILVA, Carla Grião da. *Lugares de memória do movimento social das pessoas com deficiência na cidade de São Paulo de 1978 a 1981.* 2021. Dissertação (Mestrado) — Universidade de São Paulo, São Paulo, 2021.

VILLON, Elsa. *Elza Ambrosio conta sua trajetória pela inclusão de pessoas com deficiência.* Instituto Paradigma, 2021. Disponível em: https://iparadigma.org.br/elza-ambrosio-conta-sua-trajetoria-pela-inclusao-de-pessoas-com-deficiencia/. Acesso em: 30 nov. 2022.

Este livro foi composto pela fonte Objektiv Mk1 e impresso em março de 2023 pela Assahi Gráfica. O papel de miolo é o offset 75g/m2 e o de capa é o Cartão Supremo 250g/m2.